animaux exceptionnels

Les pouvoirs paranormaux des animaux

animaux exceptionnels

les pouvoirs paranormaux des animaux

michael streeter

 Broquet

97-B, montée des Bouleaux, Saint-Constant, Qc, Canada, J5A 1A9
Tél. : 450 638-3338 / Téléc. : 450 638-4338
www.broquet.qc.ca / info@broquet.qc.ca

Catalogage avant publication de Bibliothèque
et Archives nationales du Québec et
Bibliothèque et Archives Canada

Streeter, Michael, 1957-
   Animaux exceptionnels : les pouvoirs
paranormaux des animaux
   Traduction de : *Psychic Pets*.
   Comprend des réf. bibliogr. et un index.
   ISBN 978-2-89654-323-6
   1. Animaux familiers - Aspect psychique.
2. Perception extrasensorielle chez les animaux.
3. Animaux familiers - Anecdotes. I. Titre.
SF412.5.S7714 2012   133.8'9   C2012-940803-4

Nous reconnaissons l'aide financière du gouvernement du
Canada par l'entremise du Fonds du livre du Canada pour
nos activités d'édition. Nous remercions également
l'Association pour l'exportation du livre canadien (AELC),
ainsi que le gouvernement du Québec : Programme de
crédit d'impôt pour l'édition de livres – la Société de
développement des entreprises culturelles (SODEC).

Titre original : *Psychic Pets*

Copyright © 2004 Quarto Inc.

Première publication aux États-Unis et ses territoires
dépendants et au Canada en 2004 par Barron Educational
Series Inc.

Conçu, réalisé et produit par
Quarto Publishing plc
The Old Brewery
6 Blundell Street
Londres N7 9BH, R.-U.

Édition du projet : Fiona Robertson & Liz Pasfield
Édition artistique : Anna Knight
Illustrations : Mark Duffin
Maquette : Joelle Wheelwright
Assistance à la direction artistique : Penny Cobb
Révision (édition originale) : Jan Cutler
Correction d'épreuves (édition originale) : Anne Plume

Direction artistique : Moira Cinch
Édition : Piers Spence

Les yeux sur la page couverture sont prêtés gracieusement
par Roscoe le chat.

Pour l'édition canadienne en langue française
Copyright © Ottawa 2012 Broquet inc.
Dépôt légal – Bibliothèque et Archives nationales
du Québec
3e trimestre 2012

Traduction : Jean Roby et Christiane Laramée
Correction d'épreuves : Lise Roy

ISBN : 978-2-89654-323-6

Imprimé en Chine

contenu

INTRODUCTION

La plupart d'entre nous ont connu des expériences personnelles avec des animaux de compagnie. Beaucoup d'entre nous peuvent avoir eu un chat, un chien, un cobaye, un lapin, une gerbille, un hamster ou tout autre type d'animal de compagnie quand ils étaient jeunes. Une fois plus vieux, quand nous nous installons dans notre propre maison, nous choisissons souvent un chat ou un chien comme compagnon, ou peut-être achetons-nous un animal de compagnie pour nos propres enfants. Ainsi, nous passons une bonne partie de notre vie entourés d'animaux et, même, nous passons autant de temps avec eux qu'avec notre famille ou nos amis. Nous estimons à juste titre ces animaux pour leur amitié, leur amour et leur bonne compagnie. Mais les comprenons-nous vraiment ? Sommes-nous conscients de leurs autres qualités remarquables ? Il est très facile pour nous, humains, de tenir pour acquis nos animaux de compagnie. Leur amour pour nous est inconditionnel et sans complication. Toutefois, cette fidélité et cette loyauté même masquent des qualités remarquables… des qualités qui ressortent dans les histoires rassemblées ici dans *Animaux exceptionnels*.

Par exemple, comment se fait-il que notre chat ou notre chien sache que nous revenons à la maison à une heure précise ? Comment des animaux de toutes sortes – non seulement les pigeons voyageurs – retrouvent-ils des gens et des lieux, parfois à d'énormes distances d'eux ? Et comment nos animaux de compagnie peuvent-ils être conscients que nous sommes en difficulté et savoir quoi faire pour nous aider ? Plus étrange encore, comment sont-ils capables de rester en contact avec nous, même depuis l'au-delà ?

PHÉNOMÈNES BIZARRES

L'origine de ces phénomènes n'est pas expliquée par la science. En fait, la science traditionnelle considère que de telles questions sont indignes d'elle, ne méritant pas sérieusement de recherche scientifique. Pourtant, si nous observons d'un œil différent les animaux qui nous entourent, nous récolterons beaucoup d'histoires qui suggèrent que de tels comportements existent, même s'ils sont inexpliqués. La plupart d'entre nous connaissent des chats, des chiens ou des oiseaux qui semblent avoir le don étonnant d'anticiper exactement l'heure à laquelle leur maître (ou maîtresse) rentre à la maison. Il peut s'agir de nos propres animaux ou de ceux de gens de notre connaissance. Le modèle est souvent le même : l'animal commence à s'exciter quelque temps avant le retour de son maître. Il ne semble pas qu'il y ait une différence si la personne arrive tôt ou tard, ou si elle revient toujours à des heures irrégulières ; d'une manière ou d'une autre, l'animal semble savoir. Habituellement, la conscience démontrée par un animal de compagnie se limite à une seule personne : l'être humain avec lequel il partage un lien spécial, invisible. Par exemple, dans l'une des histoires, un chien appelé Rusty savait toujours quand sa maîtresse revenait à la maison, même si elle était agente de bord sur des vols court et long courrier et que ses horaires étaient irréguliers. Le chien ne montrait aucun signe comparable de conscience à l'égard de la sœur de sa maîtresse, avec qui il vivait aussi. Un autre cas étrange, c'est celui de la femme qui décida de rentrer à la maison après une réunion et qui, une fois dans sa voiture, changea d'avis et revint au lieu de réunion pour parler à quelqu'un. À la maison, son mari nota que leurs chats, Flora et Maïa, exécutèrent leur habituel manège de bienvenue pour le retour à la maison de la femme au moment même où elle avait initialement décidé de regagner son domicile. D'aucune façon, les chats n'avaient pu entendre la voiture démarrer ; ils avaient réagi tout simplement à ce qui se passait dans la tête de leur maîtresse à ce moment-là.

Cela laisse-t-il sous-entendre une forme quelconque de télépathie entre les animaux de compagnie et leur maître ou maîtresse ? Les animaux de compagnie peuvent-ils lire dans nos pensées ? Une histoire particulière laisse entendre que les animaux de compagnie peuvent en effet le faire. Le vétérinaire britannique Christopher Day rapporte l'exemple d'une chienne appelée Betty, propriété de sa belle-mère. Non seulement cette chienne savait-elle quand Christopher était en route pour leur rendre visite, mais elle savait aussi pourquoi il venait. Si c'était dans sa fonction de vétérinaire, Betty avait pour habitude de se cacher avant son arrivée. Toutefois, si Christopher n'effectuait qu'une visite de courtoisie, Betty réagissait alors avec plaisir et attendait son arrivée avec impatience.

On peut facilement être à l'affût de signes de télépathie chez nos propres animaux de compagnie en observant leur réaction à l'arrivée imminente de membres de la famille. Cependant, cette anticipation de l'arrivée d'un maître ou d'une maîtresse est loin d'être la seule qualité

spéciale des animaux. Ils semblent aussi comprendre quand quelque chose de mauvais affecte leur maître, où que se trouve la personne. Il existe de nombreuses histoires selon lesquelles des chats et des chiens ont perçu la mort imminente de ceux et celles qu'ils aimaient. Cela provoque souvent des hurlements, des gémissements ou des miaulements, peut-être dans l'effort de rendre la famille consciente de ce que l'avenir lui réserve. Dans une histoire effrayante, un chien, Bob, dont le maître combattait à l'étranger durant la Première Guerre mondiale, passa la majeure partie de la journée sous un lit puis, plus tard, se mit à hurler de façon inhabituelle, à glacer le sang. L'épouse du soldat découvrit par la suite que son mari avait été tué au moment précis où le chien avait poussé sa terrible plainte. Apparemment, le chien avait senti durant la journée que la vie de son maître tirait à sa fin et il avait connu aussi le moment de sa mort.

DÉVOUEMENT PERSISTANT

Il existe aussi des cas bien documentés d'animaux de compagnie qui ont su que leur maître (ou maîtresse) était mort et qui, alors, s'échappèrent pour veiller sur leur tombe, même s'ils n'assistèrent pas aux funérailles et que le cimetière était situé à plusieurs kilomètres de la maison familiale. En effet, un tel dévouement désintéressé est caractéristique de nos animaux de compagnie, quoique nous n'en soyons pas toujours conscients avant qu'il ne soit trop tard. Il y a l'histoire célèbre du chien japonais, appelé Hachi, qui avait pour habitude d'aller à la rencontre de son maître après le travail, tous les jours à 17 heures, à la station de chemin de fer locale. Malheureusement, l'homme mourut au travail, mais Hachi retourna à la station à 17 heures précises, rendant chaque

jour un hommage silencieux à son maître. L'une des plus belles histoires du dévouement d'un animal de compagnie est celle de Bobby, le chien écossais qui veilla solitairement sur la tombe de son maître au cimetière des Greyfriars pendant 10 ans, y demeurant jusqu'à sa propre mort.

Les animaux qui font preuve d'un tel dévouement ne sont pas nécessairement des « animaux de compagnie » au sens conventionnel. Un exemple étrange implique un vol d'oies blanches. Un Texan, John Gambill, avait déjà sauvé la vie d'une oie blessée sur sa ferme et, subséquemment, sa terre devint une sorte de sanctuaire d'oiseaux sauvages. Au moment de sa mort, dans un hôpital de Paris, au Texas, en 1962, une volée d'oies vola au-dessus de l'édifice, puis en fit le tour pendant un certain temps, criaillant leur appréciation de l'homme qui avait été amical envers elles.

Le thème commun de telles histoires, c'est la relation qui s'est développée entre les animaux et leur ami humain. Pourtant, à l'occasion, il arrive que des animaux viennent spontanément à la rescousse d'humains avec lesquels ils n'ont jamais eu de contact auparavant. D'une manière quelconque, l'animal sent que la personne est en détresse et il sait quoi faire.

ANIMAUX SAUVAGES

Un curieux exemple de dévouement désintéressé s'est produit en 1974. Il impliquait une femme du nom de Candelaria Villanueva, qui fit naufrage à plusieurs kilomètres de la côte des Philippines. Elle raconta que, alors qu'elle était à bout de force, une tortue géante nagea sous elle et la maintint à flot durant de nombreuses heures, jusqu'à ce qu'elle soit rescapée par les marins d'un navire de passage. Étrangement, Candelaria se rappela par la suite qu'une autre tortue, plus petite, avait nagé à ses côtés et qu'elle lui avait pincé le bras chaque fois qu'elle menaçait de s'endormir, l'avertissant ainsi du danger que sa tête glisse sous l'eau.

Il y a aussi les témoignages sans équivoque parlant de dauphins venant au secours d'êtres humains. En 1996, le touriste britannique Martin Richardson faisait de la plongée dans la mer Rouge quand il fut attaqué et gravement blessé par un requin. Il fut sauvé par trois dauphins qui chassèrent le prédateur.

LES ANIMAUX QUI REVIENNENT À LA MAISON

L'une des qualités les plus remarquables manifestées par les animaux de compagnie, c'est leur capacité à retrouver le chemin de la maison, à revenir vers une personne ou un lieu en parcourant des distances énormes. Il y a des chiens qui ont traversé des océans, des continents et même des champs de bataille pour retrouver leur maître ou leur foyer.

Comment ils sont parvenus à réaliser de tels exploits est peu clair ; souvent, des chiens ont réussi à retrouver la piste de leurs maîtres, même quand ils étaient dans des lieux éloignés où ces animaux n'étaient jamais allés auparavant. Le simple sens de l'orientation, l'odorat ou d'autres indices physiques ne suffisent pas à expliquer à eux seuls de tels évènements. Par exemple, dans un cas, un chien appelé Prince traversa la Manche et retrouva son maître, qui était un soldat, sur un champ de bataille sanglant dans un pays où le chien n'était jamais allé auparavant.

COMMUNIQUER DEPUIS L'AU-DELÀ

Le plus touchant, peut-être, ce sont ces histoires dans lesquelles des animaux de compagnie et leurs maîtres sont restés en communication même après la mort. Il y a notamment celle de Nigel, le chien qui revint d'entre les morts pour secourir sa maîtresse qui menaçait d'être attaquée tard dans la nuit. Dans une autre histoire, vraiment remarquable, un vétérinaire des États-Unis œuvrant en Afrique, où il fut surnommé «Doctola», eut la vie sauve grâce à deux chiens qu'il avait soignés quand ils étaient chiots. Cette dernière histoire n'est qu'un exemple parmi les histoires vraies extraordinaires présentées dans *Animaux exceptionnels*. Toutes éclairent les liens qui existent entre nos animaux de compagnie et nous ; en outre, elles lèvent le voile sur l'étonnante conscience psychique que tant d'animaux semblent manifester.

En lisant ces histoires provenant du monde entier, préparez-vous à être ému et fasciné. Pensez aussi à vos propres animaux de compagnie et les animaux qui ont partagé votre enfance. Il y a de bonnes chances que, à l'instar des animaux présentés ici, ils aient ou aient eu eux aussi des capacités psychiques remarquables qui leur sont propres. Si seulement nous pouvions le reconnaître !

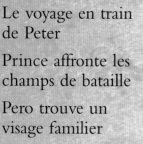

Chapitre un

Ne pas perdre le nord

COMME LE DIT LE PROVERBE : « Rien
ne vaut son foyer. » Cela peut être
vrai aussi pour les animaux de compagnie.
De nombreux animaux remarquables ont
refusé d'être séparés soit de la maison qu'ils
connaissaient, soit de la famille qu'ils aimaient.
Qu'ils aient eu à franchir des montagnes,
traverser des océans ou même s'aventurer sur
des champs de bataille, rien n'a pu dissuader
ces braves et loyales bêtes. Pour elles, l'attrait
du foyer et de leurs maîtres agissait comme
un phare guidant leur retour. Personne ne sait
encore comment ils parviennent à faire cela,
mais ces histoires d'animaux voyageant contre
toute attente vers leur chez-soi sont à la fois
émouvantes et inspirantes.

Quand il fut séparé des gens qu'il aimait, le sympathique Sugar ne fut pas du genre à laisser la bagatelle de quelque 2 400 km et un voyage d'un an à travers l'Amérique se placer entre sa famille et lui.

SUGAR, *le marcheur de fond*

S UGAR, UN CHAT PERSAN DE COULEUR CRÈME, avait bon caractère. Il avait toujours été un animal de compagnie loyal envers la famille Woods, qui habitait à Anderson, en Californie. Il était en bonne forme, exception faite d'une légère déformation de la hanche gauche que l'on pouvait sentir quand on le caressait ou le cajolait. En fait, le problème de sa hanche n'avait jamais semblé le déranger. Les années passèrent puis, dans les années 50, le vieux M. Woods décida que l'heure de sa retraite était arrivée. Le plan de retraite familial ne prévoyait pas seulement l'arrêt du travail, mais aussi le déménagement du foyer familial. M. Woods rêvait de vivre sur une ferme en Oklahoma et, à Gage, il avait trouvé exactement ce qu'il voulait. Le problème celui-ci : que faire de Sugar ? Naturellement, la famille Woods voulait que le chat soit de l'aventure ; après tout, il faisait bien partie de la famille. Toutefois, il y avait un hic : Sugar détestait voyager en auto. Depuis qu'il était dans la famille, Sugar avait peur des véhicules, mais voilà qu'on envisageait de l'amener en un voyage de plus de 2 400 km sur route, jusqu'à la nouvelle maison. Néanmoins, ils tentèrent le coup. En chargeant la voiture le jour du départ, Sugar y fut déposé, prêt pour la longue randonnée. Mais, comme on le craignait, il avait une autre idée en tête et il sauta hors de la voiture avant même qu'elle n'ait quitté l'entrée. Il n'y avait qu'une solution : à contrecœur, les Woods donnèrent Sugar à des voisins sympathiques qui se dirent heureux de lui offrir un foyer. La famille entreprit donc son long voyage jusqu'en Oklahoma, emballée par la nouvelle vie qui l'y attendait, mais triste du fait que leur petit chat n'en fasse pas partie.

UN VAGABOND SYMPATHIQUE

Près de 14 mois plus tard, alors que M. et Mme Woods s'étaient installés dans leur nouvelle maison, un chat errant se pointa à leur ferme. Le couple était enchanté : ils n'avaient pas eu d'autre chat depuis Sugar. Ce vagabond était aussi de couleur crème et, bien qu'il soit un peu plus maigre, il leur rappelait le fidèle animal de compagnie qu'ils avaient abandonné en Californie. Au bout de quelques jours, le nouveau chat faisait partie de la famille et laissait déjà Mme Woods le caresser et le cajoler. C'est alors qu'elle fit cette découverte : il y avait une légère déformation sur sa hanche gauche. Il n'y avait pas d'erreur possible : ce chat ne faisait pas que ressembler à Sugar… c'était Sugar. Aussitôt, le couple téléphona aux anciens voisins à Anderson pour savoir ce qui s'était passé. On leur apprit que Sugar avait disparu quelques semaines seulement après que la famille ait quitté la Californie. Les voisins avaient espéré son retour, mais il ne revint jamais. Désormais, tous savaient pourquoi. Le petit chat avait entrepris le plus incroyable des voyages, luttant à travers montagnes, plaines arides, rivières et routes achalandées. Sugar avait voyagé pendant plus d'une année et marché près de 2 400 km pour trouver un lieu qu'il n'avait jamais visité auparavant. Dans quel but ? Pour demeurer avec la famille qu'il aimait. Alors que Sugar était étendu, ronronnant sur leur plancher, M. et Mme Woods savaient que ce chat ne laisserait rien, pas même la moitié d'un continent, se placer entre lui et la famille qu'il aimait tendrement.

Né en 1921, Bobbie avait un pedigree de colley, même s'il y avait en lui un quart de vieux berger écossais, ce qui signifie qu'il avait la queue courte. Il vivait avec son maître en Oregon, mais, durant l'été de 1923, ils prirent des vacances et roulèrent vers l'est, jusqu'à Wolcott en Indiana, une ville à quelque 4 800 km environ de leur domicile. C'est là que le malheur frappa. Par la fenêtre, Bobbie aperçut un combat entre plusieurs chiens de la ville. Étant lui-même robuste de nature, il ne voulut pas être en reste et sauta soudain par la fenêtre ouverte pour se joindre à eux. Malheureusement pour lui, l'orgueil des chiens de la ville ne supporta pas l'intrusion d'un étranger dans la bataille et ils se retournèrent tous contre l'infortuné colley. Ensemble, la meute chassa un Bobbie paniqué hors de la ville, loin de son maître et de la sécurité de la voiture.

Éperdu, le maître de Bobbie circula quelque temps dans les environs dans une tentative désespérée, mais vaine, pour retracer son chien disparu. Pour Bobbie, il y avait un problème plus immédiat : la meute de chiens sur ses traces était déterminée à le rattraper et à lui donner une leçon. Il ne pouvait pas affronter tous ces chiens ensemble, mais c'était néanmoins un animal puissant et ingénieux. Il était capable de vaincre ses poursuivants un à un, jusqu'à les obliger finalement à abandonner la poursuite. Le dilemme qui suivrait serait d'un autre ordre : comment arriverait-il à retourner chez lui ? À ce moment-là, quoique bouleversé, son propriétaire avait abandonné toute idée de revoir le chien de nouveau et continuait son voyage par une route longue et indirecte qui passait par le nord du Mexique. Poursuivre l'auto était impossible pour le chien.

BOBBIE
se perd durant les vacances

*Bobbie était un chien plein de
ressources qui refusa d'être séparé de
son maître ; quand il se perdit lors
d'un voyage, il retrouva le chemin
jusque chez lui après avoir franchi
plus de 4 800 km de montagnes, de
rivières et de terrains inhospitaliers.*

INTUITION PSYCHIQUE

Pour Bobbie, il n'y avait donc qu'une seule issue : retourner à
quatre pattes à la maison. Selon des témoignages bien documentés, durant les trois mois et demi qui suivirent, Bobbie erra à travers
une partie des États-Unis, à la recherche de son chemin vers chez lui.
Quoiqu'il ait parcouru plus de 1 600 km, en fait, il s'était rapproché
seulement de 320 km de chez lui.

Puis, tout comme un éclat de lumière dans sa tête, la route à suivre
lui vint sous la forme d'une intuition psychique. Bien qu'on l'ait ramassé
pour vagabondage et mis dans un camion avec d'autres chiens, il s'échappa
et fila comme une flèche dans la bonne direction : franc ouest. À compter
de ce moment, même s'il était à des milliers de kilomètres de chez lui et
dans un environnement étranger, Bobbie suivit infailliblement la bonne
direction. Lors d'une seule étape, on dit qu'il a parcouru près de 800 km en
une semaine seulement, en direction de Denver. Sa route l'obligea à traverser
les Rocheuses en hiver, franchir de larges rivières aux eaux glacées et par-
courir des terrains inhospitaliers. À une occasion, le colley déterminé sauta
du pont enjambant une rivière pour éviter d'être capturé. Finalement, exténué,
amaigri, mais, cela mis à part, en bon état, il arriva en Oregon à la maison de
son propriétaire ébahi, six mois après avoir craint d'avoir perdu son chien à tout
jamais. À travers toutes ses épreuves – les batailles, la faim et le froid – Bobbie
n'avait jamais oublié la chose qui lui importait plus que tout : l'attrait irrésistible
de la maison.

Beethoven était un nom inhabituel pour un chien exceptionnellement intelligent. Séparé de ses maîtres durant les vacances, il brava la glace et la neige pour revenir au sein de la famille et à la maison qu'il adorait, et ce, après des mois d'efforts difficiles et dangereux.

aVIGNON, EN FRANCE, a été le théâtre de quelques histoires inhabituelles concernant les animaux. La première s'est produite en 1970 quand Jean-Marie Valembois, un ouvrier de la construction, quitta son domicile du nord-est de la France pour trouver du travail près d'Avignon. Par malheur pour lui, le voyage signifiait qu'il devait confier à un cousin son fidèle chien de berger de deux ans, Black. Cependant, quelques mois plus tard, on rapporta qu'un chien errait autour du chantier où Jean-Marie travaillait. La description du chien sembla familière à Jean-Marie, mais il n'osa pas se laisser emporter par l'espoir. Pourtant, dès qu'il vit le « vagabond », il n'eut aucun doute que l'animal n'était autre que Black, son chien de berger. L'accueil exubérant du chien jeta presque son maître par terre, tant il était heureux de voir son maître de nouveau. Black avait marché plus de 800 km jusqu'à une région qui lui était inconnue, simplement pour être avec son maître adoré. Inutile de dire qu'ils ne se séparèrent plus jamais.

beetHoveN
brave la neige

L'extraordinaire histoire de Beethoven, un loulou de Poméranie blanc, se déroula aussi à Avignon. C'était en août 1998 et le beau chien de cinq ans vivait avec sa famille française, qui profitait d'un séjour à Avignon durant la période traditionnelle des vacances françaises. Puis, août tira bientôt à sa fin et l'heure sonna pour la famille de retourner à la maison de Nomeny, en Lorraine, loin au nord-est de la France, près de la frontière franco-allemande. Il n'y avait qu'un petit problème : Beethoven avait disparu.

DERNIÈRE PROMENADE

Plein d'entrain, Beethoven avait échappé à ses maîtres à l'occasion d'une dernière promenade et il n'y avait nulle trace de lui. La famille éplorée retarda son départ durant aussi longtemps qu'elle le pouvait, attendant le retour de Beethoven. Finalement, ne pouvant plus attendre – ils devaient retourner qui au travail, qui à l'université –, la famille quitta donc Avignon.

La chaleur de l'été céda la place à l'un des hivers les plus froids que la France ait connu au cours des dernières années : rivières et lacs gelèrent et il neigea. Les maîtres de Beethoven continuèrent de pleurer sa perte, certains que la rigueur de l'hiver signifiait la fin des chances de survie de leur chien. Cependant, c'était compter sans la volonté inébranlable de Beethoven. Selon les témoignages, il semble que, dès qu'il se fut perdu, Beethoven s'était senti désorienté par l'environnement non familier. Il s'était donc dirigé vers le seul endroit qu'il savait pouvoir retrouver : la maison familiale à plus de 800 km, dans le nord-est de la France. Jour après jour, il trotta. D'abord dans la chaleur, puis sous la pluie et, plus tard, dans la neige. Enfin, par un jour de mars de l'année suivante, il arriva chez lui, après avoir marché de la Méditerranée jusqu'à la frontière allemande. Quand Beethoven arriva, il était maigre et affamé. Néanmoins, comme ses maîtres fous de joie l'exprimèrent, il était plein de joie de vivre du seul fait de se trouver à l'endroit qu'il avait voulu atteindre durant de si longs mois.

H OWIE, UN PERSAN DE TROIS ANS, était un chat qui aimait les
bonnes choses de la vie : la meilleure nourriture, une maison
confortable et beaucoup de caresses et d'attention. Sa maîtresse,
Kirsten Hicks, âgée de 15 ans et vivant à Adélaïde, en Australie, adorait son
chat et Howie aimait manifestement beaucoup sa maîtresse. Hors de l'école,
le couple était quasi inséparable. Toutefois, en 1977, la famille Hicks se prépara pour un long voyage à l'étranger. Kirsten avait hâte au voyage, mais se

*Howie, le chat persan, n'a pas
l'allure d'un héros, mais il a
été assez résistant pour
traverser des centaines de
kilomètres de territoires
périlleux, infestés de serpents.*

HOWIe
traverse l'Australie

demandait quoi faire
avec Howie pen-
dant qu'elle et le
reste de la famille
seraient au loin.
Il était évident
qu'ils ne pou-
vaient amener le persan en voyage avec eux, mais Kirsten ne faisait confiance à personne qui ne soit pas de sa famille pour
s'occuper de son précieux compagnon. Finalement, elle pensa
avoir trouvé une solution : Howie pourrait-il rester chez ses
grands-parents qui aimaient le chat presque autant qu'elle ?
Même si ses grands-parents habitaient à plus de 1 600 km,
sur la Côte d'Or du Queensland, Kirsten insista pour dire
que c'était la solution idéale et des mesures furent donc
prises. Kirsten fit à Howie des adieux éplorés et ses
grands-parents l'assurèrent que le chat serait vraiment
bien avec eux.

Un mois plus tard, de retour en Australie, Kirsten
et sa famille se dirigèrent d'abord vers le Queensland

pour récupérer
Howie. Toutefois,
les grands-parents de Kirsten
avaient une bien mauvaise nouvelle à
annoncer à leur petite-fille. Afin de ne pas
gâter son voyage, ils ne lui avaient pas dit que
Howie manquait à l'appel. Ils l'assurèrent qu'ils
avaient tout fait pour essayer de le retrouver,
mais sans résultat. Il avait tout simplement disparu. Kirsten fut naturellement secouée par la
nouvelle et, bien qu'elle ne puisse blâmer ses
grands-parents qui, elle le savait, aimaient aussi
Howie, elle reprit la route vers Adélaïde le cœur
lourd. Ses parents tentèrent de la consoler en lui
offrant un autre chat pour remplacer Howie,
mais Kirsten refusa. Pour elle, aucun chat ne
pourrait remplacer son beau persan.

TOUT SEUL

Kirsten ne pensait qu'à Howie, un animal qui
adorait son confort, désormais perdu et seul dans
un milieu étranger. Elle était certaine qu'il ne
pourrait survivre très longtemps par lui-même.

Les mois passèrent et il y eut bientôt un an
que Howie était disparu. Un jour, alors que
Kirsten était à l'école, un chat sale et décharné

se présenta à la maison familiale. Instantanément, Mme Hicks prit en pitié la
pauvre créature qui avait une faim de loup,
saignait et était maigre à faire peur. Le chat
engloutit avec gratitude le thon qu'elle lui
donna. Puis une pensée vint à l'esprit de Mme
Hicks : Kristen voudrait peut-être s'occuper de
cet animal dans le besoin pour remplacer le
pauvre vieux Howie. Elle fit donc entrer le chat
et attendit le retour de Kristen. Ayant jeté un
seul regard sur l'animal malingre et dépenaillé,
l'adolescente s'écria tout excitée : « Howie ! »
Mme Hicks fut sidérée, puis examina le chat de
plus près. Sous la crasse et la saleté, il y avait bel
et bien la fourrure sans pareille d'un persan. Et,
d'après sa réaction devant Kristen, l'identité du
chat ne faisait pas de doute. Howie était revenu
à la maison. On ne sait comment, ce chat bien
nourri et choyé avait parcouru une distance de
plus de 1 600 km depuis le Queensland, traver-
sant montagnes, plaines arides et rivières, bravant
des périls de toutes sortes, depuis les chiens et les
serpents, jusqu'aux scorpions et autres animaux
sauvages. Désormais, en dépit de toutes ces
épreuves, Howie pouvait de nouveau profiter
du confort de son foyer à Adélaïde.

VOYAGER EN TRAIN peut s'avérer parfois une expérience déroutante. Les grandes gares de chemin de fer achalandées peuvent être des lieux déconcertants, notamment en pays peu familiers. Il n'est pas toujours facile de savoir quel est le bon train à prendre ; pour des animaux, c'est sûrement impossible. Pourtant, il y a toujours des exceptions à la règle. Et, dans ce cas-ci, l'exception est un bull-terrier appelé Peter. Ce chien extraordinaire connaissait non seulement le fonctionnement du système de chemin de fer d'un pays entier, mais il utilisa aussi ce savoir pour retracer son maître qu'il croyait disparu.

L'histoire débuta en Égypte, en 1901. M. Jobson était un officier du service colonial du gouvernement britannique. Il était en poste depuis quelque temps dans ce qu'on appelait alors la Haute-Égypte, en amont du Nil, profondément au cœur du pays. C'était un habitué du train, qu'il prenait jusqu'au Caire pour des voyages d'affaires dans le nord, voyages qui pouvaient s'étirer sur 15 heures. Durant ces voyages, M. Jobson

Le voyage en train de PETER

Peter, l'intrépide bull-terrier, savait exactement quoi faire quand son maître le quitta pour un voyage d'affaires : il sauta dans un train et se lança dans une poursuite effrénée.

était habituellement accompagné par Peter, son fidèle bull-terrier. Le couple voyageait en première classe, M. Jobson faisant des mots croisés ou lisant des documents d'affaires, tandis que Peter restait assis sagement à ses pieds, ne regardant même pas par la fenêtre la campagne qui défilait. Ces voyages étaient un élément régulier de la vie du couple. Toutefois, M. Jobson avait été transféré récemment à un nouveau poste à Damanhur, près d'Alexandrie, de l'autre côté du Caire depuis la Haute-Égypte. Comme d'habitude, M. Jobson prendrait le train pour aller à tout rendez-vous d'affaires au sud du Caire. Cette fois, le voyage ne prendrait que trois heures.

UN ANIMAL RÉSOLU

Un jour, M. Jobson reçut un message urgent exigeant sa présence immédiate au Caire. Il se demanda s'il devait amener son habituel compagnon de voyage avec lui dans la capitale, mais il se dit que, cette fois, à cause de l'urgence de la réunion et du caractère imprévisible de son voyage, il était préférable de laisser Peter sur place. Par conséquent, il le confia aux soins d'un ami qui vivait tout près et se hâta d'attraper son train pour le Caire.

Peter avait de nombreuses qualités comme chien et comme animal de compagnie, mais la patience et la calme acceptation n'en faisaient pas partie. L'animal fut vraiment malheureux d'être laissé de côté ; il ne pouvait pas comprendre pourquoi son maître partait sans lui, ni où il allait. Selon son raisonnement canin, il n'y avait qu'une chose à faire : suivre son maître qui l'avait sûrement laissé derrière lui par erreur. Le bull-terrier s'échappa donc de son foyer temporaire et trotta jusqu'au lieu évident pour amorcer ses recherches : la gare de chemin de fer de Damanhur. Là, il trouva le bon quai et monta ensuite dans l'express à destination de la capitale. Une fois dans l'effervescence de la gare du Caire, Peter réfléchit à son prochain déplacement. Son maître était sûrement retourné à leur ancien logement dans la campagne en Haute-Égypte. Le bull-terrier marcha donc jusqu'au bon quai, s'assit et attendit le train pour la Haute-Égypte, lequel ne devait entrer en gare que trois heures plus tard. Une fois à bord, Peter prit sa place habituelle dans le compartiment de première classe et s'installa pour le voyage de 15 heures qui l'attendait.

Personne ne le dérangea durant son voyage ; l'allure féroce du bull-terrier n'en faisait pas un chien que beaucoup de gens imaginaient enjoué. En tout cas, pour les passagers comme pour les contrôleurs des billets, Peter avait l'air d'un chien qui savait où il allait. Une fois en Haute-Égypte, il se rendit rapidement à la vieille maison où son maître et lui avaient habité. À sa grande surprise, il ne put trouver aucun signe de M. Jobson, seulement quelques membres du personnel qui avaient travaillé avec lui antérieurement. Consterné, mais non moins déterminé, Peter avait maintenant un autre plan : après tout, son maître était sûrement resté au Caire. Ainsi, sans plus tarder, il retourna au trot à la gare, se dirigea vers le bon quai et prit le prochain train vers la capitale. Quinze heures plus tard, Peter sauta du train et commença à chercher les amis de son maître au Caire, dans l'espoir que M. Jobson soit en visite chez l'un d'eux.

LA TÉNACITÉ RÉCOMPENSÉE

Peter se rendit aux maisons des amis, l'une après l'autre, mais il n'y avait toujours pas de signe de M. Jobson. Toutefois, un ami reconnut l'animal familier et tenta de l'enfermer dans une pièce tandis qu'il contactait M. Jobson pour l'aviser. Cependant, Peter ne voulut rien entendre. Il

Peter était un excellent passager de première classe et on voyait clairement qu'il savait où il allait.

s'échappa prestement et, une fois de plus, il revint à la gare de chemin de fer du Caire. Tout devenait clair pour le bull-terrier : son maître devait être rentré à Damanhur. Peter trouva donc le bon quai et, après une brève attente, il monta dans l'express vers sa nouvelle maison au nord. Arrivé à Damanhur, Peter attendit patiemment qu'un passager de première classe ouvre la portière du wagon, puis il sauta sur le quai avec quelque dignité. Bien sûr, l'animal était maintenant de retour à l'endroit d'où il était parti 42 heures plus tôt. Cette fois, sa persévérance fut récompensée : à Damanhur, il trouva son maître, M. Jobson, qui l'attendait patiemment. L'un des amis ayant vu Peter au Caire l'avait contacté pour l'avertir qu'il avait vu le chien et l'officier ne fut pas trop surpris de voir Peter revenir calmement à la maison par le train. Non seulement le voyage entier avait duré presque deux jours, mais il avait impliqué aussi quatre trajets différents en train et trois gares de chemin de fer différentes. En quelque sorte, Peter avait réussi à

trouver sa route infailliblement à travers la moitié de l'Égypte en train, puis il avait été capable de retrouver le chemin de la maison en toute sécurité. Son ingéniosité et son habileté en avaient fait un chien très spécial. Par contre, c'est son incroyable loyauté envers son maître qui distinguait Peter ; la distance seule n'était pas un obstacle à ce qu'il rejoigne la personne qui signifiait plus pour lui que toute autre au monde.

J IMMY BROWN, d'Irlande, se joignit à l'armée britannique quand la Première Guerre mondiale éclata en 1914. Il décida de déménager Colleen, son épouse, et son chien Prince dans une maison à Hammersmith, quartier ouest de Londres ; cela lui permettrait plus facilement de les voir lors de ses permissions, loin du front en France. Le régiment de Jimmy fut l'un des premiers impliqués dans les escarmouches initiales et, bien entendu, il manquait à Colleen et à Prince (qui adorait son

PRINCE
affronte les champs de bataille

maître) tandis qu'il combattait à l'étranger. Toutefois, après quelque temps, Jimmy obtint une brève permission qu'il passa avec bonheur à Londres. Néanmoins, beaucoup trop vite, l'heure de repartir au front sonna et, cette fois, Prince sembla particulièrement affecté par le départ de son maître.

Seul Prince savait comment il y était arrivé, mais, il traversa un pays étranger et la mer pour être, de nouveau, avec son maître adoré.

En fait, trois jours durant, l'animal habituellement gros mangeur refusa toute nourriture. Il était apathique et, abattu, il traînait, l'âme en peine. Puis, alors même que Colleen pensait que le comportement du chien ne pouvait être pire, il disparut. La disparition du chien inquiéta Colleen. Elle connaissait les épreuves épouvantables que Jimmy subissait sur le champ de bataille et que penser à l'amitié et à la compagnie de son chien l'avait aidé à tenir le

coup. Maintenant, ce compagnon et ami loyal avait disparu. Pendant 10 jours, Colleen remua ciel et terre pour retrouver le chien, mais il demeura invisible. Finalement, elle réalisa qu'elle ne pouvait plus remettre l'inévitable à plus tard. Elle devait le dire à Jimmy, même si cela devait rendre sa dure existence encore plus difficile. Alors, le cœur brisé, elle lui écrivit en France, lui expliquant que, même après avoir regardé partout, son cher Prince avait disparu. Jimmy pourrait, espérait-elle, tirer quelque réconfort de ce que le comportement de Prince et son refus de nourriture témoignaient du dévouement pour son maître.

UN VOYAGE INCROYABLE

Quand Jimmy reçut la triste lettre de Colleen dans sa tranchée à Armentières, il ne put retenir un sourire narquois. Pour cause : à ses pieds, l'observant tandis qu'il lisait la lettre de son épouse, se trouvait nul autre que Prince lui-même. De quelque façon, que Jimmy ne pouvait que commencer à imaginer, le petit chien avait réalisé l'un des plus incroyables voyages jamais tenté par un animal.

Prince quitta d'abord son nouveau foyer dans l'ouest de Londres, puis marcha plus de 110 km jusqu'à la Manche. Ensuite, comme le colley-terrier ne pouvait traverser la Manche à la nage, il dut se glisser clandestinement à bord d'un bateau transportant des provisions ou des troupes à la guerre. Cependant, une fois en France, Prince n'était pas au bout de ses peines. Jimmy se battait à plus de 95 km de la côte française et la majeure partie du voyage traversait la campagne dangereuse et déchirée par la guerre. Le conflit était à son paroxysme, les balles fusaient de partout, des obus explosaient – certains remplis de gaz mortels. Néanmoins, Prince trouva son chemin dans le sang et la boue pour repérer Jimmy au sein de 500 000 autres soldats britanniques sur le front. Il n'est pas étonnant que Jimmy n'en ait pas cru ses yeux quand le petit chien boueux apparut dans sa tranchée ou que Colleen, soulagée, eut le souffle coupé de stupéfaction quand elle reçut des nouvelles de Jimmy. Mais Jimmy avait la preuve sous les yeux : le chien fidèle avait défié les horreurs de la guerre pour retrouver son maître absent.

LES BORDER COLLIES sont des chiens extrêmement intelligents et vifs que les fermiers entraînent souvent pour regrouper les moutons. On les voit couramment dans les collines et vallées rurales du Pays de Galles pendant qu'ils sont au travail. Pedro était l'un de ces chiens de berger experts, un border collie noir et blanc vivant sur une ferme près de Porthmadog dans le Pays de Galles. Alors âgé de 10 ans, Pero était un berger vétéran, de même qu'une sorte de préféré de la famille Pugh qui était, avec raison, très fière de lui. Malgré son âge avancé, Pero n'avait rien perdu de son sens de l'aventure et de l'explora-

PERO
trouve un
visage familier

tion, mais, malheureusement, ce trait lui causait parfois des problèmes. Une telle occasion se présenta en 1985.

C'était la fin d'un jour ordinaire sur la ferme quand Gwen Pugh et son fils Tudur réalisèrent soudain que l'image familière de Pero manquait à l'appel. Mme Pugh réfléchit à ce que le chien avait pu faire et l'idée lui vint de ce qui avait pu se produire. Dans l'après-midi, un camion avait livré des veaux à la ferme et Pero était alors présent. Mme Pugh et son fils réalisèrent alors que Pero avait disparu depuis ce moment. Toujours curieux, le chien de berger devait avoir reniflé l'intérieur du camion et s'y était retrouvé enfermé et emporté au loin. Un appel téléphonique rapide confirma que Pero était, en effet, au quartier général de la compagnie de transport. Le seul hic, c'était que cela se situait à plus de 160 km, près de Carmarthen en Galles du Sud. Le chauffeur de la compagnie offrit gentiment de rencontrer Mme Pugh le lendemain, à un marché se trouvant à mi-chemin entre les deux lieux pour lui rendre l'aventureux Pero. Toutefois, avant même que Mme Pugh n'ait le temps de quitter sa ferme, le patron de la compagnie de transport la rappela avec de mauvaises nouvelles : Pero avait de nouveau disparu, mais, cette fois, personne ne savait où il était.

UNE AIGUILLE DANS UNE BOTTE DE FOIN

Déterminée à trouver son chien adoré, la famille Pugh contacta la police locale de la région où il avait été vu la dernière fois, ainsi que la Société royale

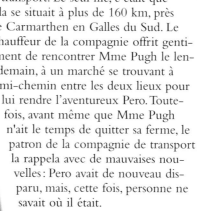

Quand l'aventure de Pero le laissa en rade, il ne céda pas à la panique. Le vieux chien de berger se servit de ses facultés d'expert pour retrouver un visage familier.

pour la prévention de la cruauté envers les animaux pour le cas où il aurait été confié à celle-ci par quelqu'un du public. La famille diffusa même des messages à la radio locale. Mais ce fut en vain. Pero avait disparu en territoire inconnu à plus de 160 km de sa maison. Comme l'exprima Tudur, autant chercher une aiguille dans une botte de foin. Une semaine s'écoula et les Pugh commencèrent à se faire à l'idée qu'ils ne reverraient plus jamais leur vieux chien de berger espiègle.

Puis tout se dénoua. La fille de Mme Pugh, Sian Evans, habitait la maison de famille de son mari à Burry Port, à quelque 24 km au sud de Carmarthen (où Pero s'était perdu) et dans la direction opposée à Porthmadog. Un soir, elle remarqua un chien qui marchait à proximité, qui lui paraissait familier. À sa grande stupéfaction,

c'était Pero, le vieux chien de berger noir et blanc qu'elle connaissait quand elle vivait à la ferme. Puisant dans toutes ses ressources, son instinct et ses capacités, le vieux chien fatigué avait trouvé (comment?...) le chemin jusqu'à une maison inconnue dans une ville inconnue et dans une région qu'il n'avait jamais visitée auparavant pour rejoindre en sécurité une personne qu'il connaissait.

Comment exactement Pero la trouva est resté un mystère jusqu'à ce jour, mais, pour Gwen Pugh et son fils Tudur, cela importe peu. Tout ce qui comptait pour eux, c'était que leur chien de berger bien-aimé était revenu en lieu sûr contre toute attente.

Pour Joker l'épagneul, le départ de son maître pour le Pacifique pour combattre à la guerre n'était pas un motif de réjouissances. Alors, le chien futé sauta simplement à bord d'un navire et le suivit, jusqu'à ce qu'il ait rejoint l'officier ébahi.

JOKER
traverse le Pacifique

Parfois, le nom d'un animal de compagnie convient parfaitement à son caractère, mais, dans certains cas, le nom livre peu d'indices quant à sa vraie nature. Il en était ainsi d'un épagneul appelé Joker. Bien que le chien était certainement d'un naturel enjoué, le nom Joker rend très mal compte de la débrouillardise et de la bravoure que ce petit chien démontra pour rester avec son maître. L'histoire débuta durant la Deuxième Guerre mondiale, quand Stanley C. Raye, le maître de Joker, servait comme capitaine dans l'armée. Un jour, l'officier, qui vivait à Pittsburg, en Californie, reçut un ordre de mission pour une destination non divulguée dans le Pacifique Sud. Aucun membre de la famille, ni même le capitaine, ne savait où il allait. Naturellement, ses proches et ses amis s'inquiétaient de son départ imminent et de sa sécurité. Joker, son joyeux compagnon, était affecté aussi. En effet, durant les deux semaines qui suivirent le départ de Stanley en mission secrète, l'épagneul mangea peu et, en général, fut très morose. Puis, un jour, Joker disparut de la maison familiale. On ignore tout des déplacements précis du chien dès qu'il eut quitté son foyer. Toutefois, quelques jours plus tard, deux infirmiers militaires l'aperçurent à Oakland, à 48 km environ de la maison de Raye, d'où partaient de nombreux navires de guerre. Joker évita la capture, puis fit quelque chose d'extraordinaire : il sauta à bord d'un des nombreux bateaux à destination du Pacifique Sud.

JOYEUSE RÉUNION

L'épagneul n'était jamais monté à bord d'un navire auparavant. Pourtant, voilà qu'il était embarqué, filant à toute vapeur sur l'étendue de l'océan Pacifique. L'histoire de Joker aurait pu se terminer là. Les chiens clandestins étaient perçus comme une nuisance en temps de guerre et le commandant du navire fut dissuadé de régler son compte à Joker seulement quand un major de l'armée prit l'adorable animal en pitié et promit de s'en occuper. Le vaisseau poursuivit sa route sur l'océan, faisant escale ici et là dans diverses îles pour charger des provisions ou débarquer des troupes. À chaque nouvelle île, Joker affichait un intérêt initial pour le nouvel environnement, puis restait calmement à bord… cela, jusqu'à ce que le navire de Joker aborde une île particulière, où l'épagneul réagit soudain très différemment. Il dressa les oreilles puis, flairant l'air autour de lui, Joker fonça vers la passerelle et la terre ferme. Le major qui avait sauvé Joker courut à terre sur ses traces, jusqu'à ce qu'il voie le chien danser avec bonheur au pied d'un capitaine de l'armée perplexe. Devant l'air surpris du major, le capitaine révéla aussitôt qui il était. Il était le capitaine Stanley C. Raye et le maître de Joker. Au début, aucun des deux hommes ne pouvait s'expliquer ce qui s'était produit. Pourtant, dans le chaos qui régnait à Oakland, Joker était parvenu malgré tout à monter à bord du bon navire à destination de la bonne île pour retrouver son maître chéri.

L'aventure de 1 600 km de STUBBY

P OUR BEAUCOUP DE GENS, Stubby n'aurait peut-être pas paru un animal particulièrement spécial. Avec ses pattes courtes, trapues, son pelage quelconque brun terreux et sa taille moyenne, Stubby était l'incarnation même du chien hybride ordinaire. Cependant, pour Della Shaw, Stubby était vraiment une bête très spéciale. Della, qui vivait à Colorado Springs, au Colorado, était handicapée et muette de naissance. Pour elle, Stubby était un ami affectueux, un compagnon amusant et une source constante de joie dans sa vie. Par-dessus tout, il était fiable et toujours présent quand elle avait besoin de lui pour lui relever le moral. Par conséquent, ce fut d'autant plus difficile à encaisser pour Della quand, un jour de 1948, Stubby fut porté disparu.

Cela se produisit tandis que Della et sa grand-mère, Mme McKinzie, faisaient un long séjour chez des membres de la famille à Indianapolis, à plus de 1 600 km de distance. Peu après avoir pris le chemin du retour à bord du camion, Stubby disparut. Personne ne savait comment cela s'était produit, quoique tout un chacun présumait que le chien était tombé du véhicule. Mme McKinzie n'était pas totalement sûre où l'incident s'était produit, mais elle se doutait que c'était quelque part à la frontière entre l'Illinois et l'Indiana. Peu importe la cause et le lieu, Della fut bouleversée

Stubby savait que sa jeune maîtresse Della comptait sur son amour et son amitié; par conséquent, quand le petit chien se perdit au milieu des États-Unis, il sut qu'il devait rentrer à la maison.

par la perte de son grand ami et compagnon. C'était comme si on lui avait arraché une part d'elle-même.

Harry McKinzie, le grand-père de Della, et son épouse firent tout en leur pouvoir pour retracer le petit chien, sachant ce qu'il représentait pour leur petite-fille chérie. Ils publièrent des annonces dans les journaux locaux le long du trajet que le camion avait emprunté et recrutèrent des membres de la famille et des amis pour aider aux recherches. Malheureusement, rien de cela ne contribua à retouver Stubby.

ESPOIR DÉCLINANT

Alors que les jours devenaient des semaines, puis des mois, la famille réalisa que les chances de revoir Stubby déclinaient rapidement. Le premier anniversaire de la disparition de Stubby arriva, puis passa, et on n'avait toujours pas de nouvelles. Della n'oubliait pas son grand ami, mais lentement elle en vint à accepter qu'il ne fasse plus partie de sa vie. Par ailleurs, elle avait emménagé récemment avec ses grands-parents et, donc, beaucoup de choses occupaient son esprit.

Un jour de printemps, en 1950, M. McKinzie entreprit une longue promenade et, par hasard,

passa devant son ancienne adresse. Homme d'expérience et pratique, Harry McKinzie pouvait faire face à la majeure partie de ce que la vie mettait sur son chemin, mais même lui fut déconcerté par ce qu'il vit alors. Là, sur le pavement à côté de l'ancienne maison, un chien était assis, dépenaillé et ensanglanté, mais reconnaissable entre tous : Stubby. Le chien était assis calmement, comme s'il attendait quelque chose ou quelqu'un. Il reconnut à peine M. McKinzie, mais quand on l'amena à la nouvelle maison, il jappa tout simplement de joie en apercevant Della. Quant à l'adolescente, elle pleura de soulagement en étreignant son petit chien meurtri et affamé, folle de joie parce que ses prières avaient finalement été exaucées. Comme la famille s'en était toujours doutée, ce n'était pas un chien ordinaire. Ses liens spéciaux d'amour et d'amitié avec Della ne pouvaient pas être rompus par la seule distance. Même s'il lui avait fallu près de 18 mois et plus de 1 600 km pour y parvenir, Stubby avait été déterminé à retrouver la personne qu'il aimait. Et, quoique Della ne ne puisse s'exprimer par la parole, la joie qui illuminait maintenant son visage de Della exprimait à tous ce que la loyauté et l'amour de Stubby signifiaient pour elle.

L<small>E CÉLÈBRE KELPIE AUSTRALIEN</small> est une race de chien développée au 19ᵉ siècle pour faire face à la population croissante de moutons dans le pays et à son climat souvent rude et très chaud. À la fois robuste et ingénieux, le kelpie est aussi connu pour sa ruse. Cela est peut-être attribuable à ce qu'on croit que la race se serait croisée avec le chien sauvage indigène d'Australie, le dingo. Que ce soit vrai ou non, le kelpie est certainement un animal débrouillard, comme l'a démontré un chien appelé Sweep, qui vivait en Australie-Occidentale dans les années 20.

Sweep était un kelpie typique au pelage noir et fauve qui travaillait sur une ferme. Outre son travail auprès des moutons, il était le compagnon assidu de son maître, l'accompagnant partout sur la ferme et lors de ses déplacements dans le voisinage.

SWEEP
paie son billet de façon ingénieuse

Ce fermier avait pour habitude de se rendre assez régulièrement à la ville locale. Toutefois, celle-ci se trouvait sur l'autre rive d'un cours d'eau qu'on rejoignait par traversier. Le coût du passage était de

Quand Sweep fut séparé de son maître par le prix d'un passage à bord du traversier, le chien sut ce qu'il devait faire : trouver quelqu'un qui achèterait un billet pour lui.

quelques cents et on le chargeait tout autant aux humains qu'aux animaux qui voyageaient avec eux. Ainsi, chaque fois que Sweep et son maître se rendaient en ville, la traversée de la rivière coûtait quelques cents pour chacun.

Un jour qu'ils étaient dans l'agglomération, Sweep fut séparé de son maître. Tandis que le chien cherchait frénétiquement son maître en ville, le fermier retourna à la maison comme d'habitude. Sweep réalisa à ce moment que son maître n'était plus dans les parages. Il décida donc de rentrer à la ferme lui aussi et se dirigea vers le traversier comme d'habitude. Cependant, il y avait un petit problème. Sweep n'avait pas d'argent pour la traversée. À trois reprises, le kelpie tenta de monter à bord du petit traversier, mais chaque fois le passeur lui bloqua le chemin.

PAS D'ARGENT, PAS DE BILLET

La règle était simple, qu'on soit un humain ou un chien : pas d'argent, pas de billet. La situation du chien paraissait désespérée, mais Sweep ne se tenait pas pour battu. D'un air entendu, l'animal noir et fauve trotta jusqu'en ville. Sur place, le chien de berger expérimenté « rassembla » un des

amis de son maître, lui faisant comprendre claire-ment qu'il devait l'accompagner. L'homme suivit alors Sweep jusqu'au quai du traversier. Tout autant l'ami que le passeur restèrent perplexes jusqu'à ce que Sweep manifeste clairement ce qui devait suivre, se déplaçant rapidement d'un homme à l'autre. Les deux hommes comprirent tout à coup ; il semblait que l'ami était « incité » à payer au passeur le coût de la traversée de Sweep. Les deux hommes se regardèrent et éclatèrent de rire, mais il n'y avait aucune autre explication. Vu l'insistance de Sweep, l'ami n'avait pas le choix. Il acquitta dûment le coût du billet et Sweep trotta à bord du traversier. Bientôt, le chien était de retour à la ferme, rejoignant son maître. L'extraordinaire comportement de Sweep alimenta les conversations en ville durant des mois, mais, pour le kelpie, les choses étaient fort simples : rien, pas même le coût d'une traversée, ne se mettrait en travers de son maître et lui.

LE TERRIER NOIR ET BLANC paraissait savoir ce qu'il faisait en inspectant les cinq navires amarrés dans le port de Vancouver, un matin de printemps en 1922. Le terrier – appelé Hector – monta à bord de chacun, renifla ici et là pendant quelques minutes, puis redescendit sur la terre ferme. Sur l'un des navires, le SS *Hanley*, l'officier en second Harold Kildall remarqua le chien procédant à son étrange inspection. Intrigué par le curieux comportement de l'animal, Kildall se demanda ce qu'il signifiait. Toutefois, il fut bientôt préoccupé par d'autres choses, car le *Hanley* était sur le point de lever l'ancre à destination du Japon et il devait être prêt. Le lendemain, Kildall avait tout oublié de l'incident, tandis que le navire progressait lentement vers le large, au début de la longue traversée de l'océan Pacifique. Soudain, à sa très grande surprise, l'officier en second aperçut un personnage familier se promenant avec assurance sur le pont. C'était le même terrier qu'il avait observé à Vancouver, la veille. Kildall fut surpris et intrigué. Il avait vu le terrier «inspecter» les cinq navires à Vancouver: pourquoi avait-il choisi celui-ci? Et

HECTOR
met le cap sur son maître

Ayant découvert qu'un océan le séparait de son maître, le terrier Hector ne céda pas à la panique, mais dénicha calmement le prochain navire qui allait dans la même direction.

qu'allait-on faire de ce passager clandestin canin ? Heureusement, le capitaine du navire aimait les chiens tout autant que Kildall et il accepta à bord la présence d'Hector. Bientôt, l'animal s'intégra à la routine du voyage et devint un membre familier, voire apprécié, de l'équipage. Le plus souvent, la nuit, il assurait fidèlement la veille en compagnie du second officier pour qui il avait développé un attachement spécial.

LA FIN DU VOYAGE

Le *Hanley* compléta sa longue traversée du Pacifique et mouilla dans la baie de Yokohama, au Japon. C'est alors que le comportement d'Hector commença à changer. Durant le voyage, le terrier avait été calme, presque placide, comme s'il avait été parfaitement insouciant ; désormais, il était anxieux, agité, et il commença à arpenter le pont. L'objet de ses préoccupations semblait être un autre navire qui était ancré tout près. Le SS *Simaloer*, un navire enregistré aux Pays-Bas, transportait aussi une cargaison de bois d'œuvre, mais était arrivé au Japon quelques jours avant le *Hanley*. Kildall – qui était déconcerté par la détresse apparente du chien – vit une petite embarcation quitter le *Simaloer* et se diriger vers l'embarcadère du port. Alors que le petit bateau se rapprochait du *Hanley*, Hector devint de plus en plus agité, sautant et jappant de manière vraiment

inhabituelle. Alors que le terrier semblait sur le point de sauter à l'eau tant il était excité, un homme dans l'embarcation agita les bras et cria le nom du chien. À la stupéfaction de Kildall, l'étranger dans le bateau connaissait l'animal : c'était son propre terrier. Quelques minutes plus tard, William Mante monta à bord du *Hanley*, rejoignant son chien bien-aimé. Mante décrivit ensuite à Kildall ce qui s'était produit et, en racontant son histoire, ils découvrirent l'extraordinaire vérité entourant le comportement d'Hector. Le *Simaloer* avait quitté Vancouver tandis qu'Hector était à terre et, consterné et horrifié, Mante fut séparé de son animal de compagnie. Il semblait qu'Hector n'avait été nullement ébranlé par ce revers : il avait inspecté calmement chaque navire dans le port jusqu'à ce qu'il en trouve un qui lui ferait retrouver son maître. Incontestablement, il avait choisi le bon navire. Le maître et son compagnon animal ne se séparèrent plus jamais, mais le mystère demeure quant à la manière dont Hector sut choisir le bon navire.

Chapitre deux

LIENS
INVISIBLES

Nous passons une grande partie de notre vie près de nos animaux de compagnie, mais peut-être ne sommes-nous pas toujours conscients du lien secret que nous partageons avec eux. Souvent, les animaux sont beaucoup plus conscients que nous ne le pensons : ils peuvent deviner nos mouvements, savoir quand nous rentrons à la maison ou même percevoir qu'une tragédie nous a frappés. Nous ne devrions jamais tenir pour acquise notre amitié avec un animal. Nos animaux apprécient notre amour plus que nous ne pourrons jamais l'imaginer.

Dans la vie, Chubby avait été un ami bon et loyal envers son maître. C'est pourquoi, après le décès de Jim Wicks, le chien sut que son temps sur Terre était terminé aussi et il se laissa doucement mourir de chagrin.

CHUBBY,
ou mourir le cœur brisé

POUR LA FAMILLE WICKS, Chubby était plus qu'un simple animal de compagnie. Le chien noir, brun et blanc était un membre à part entière de la famille et, comme les évènements le démontrèrent, il partageait avec elle les bons comme les mauvais moments.

Chubby vivait avec Jim et Mary Wicks dans leur maison d'Armadale, une ville au sud de Perth, en Australie-Occidentale. Il était pour moitié kelpie – une race de chien de berger – et avait l'air bon et amical. Il appartenait tant à Jim qu'à Mary, mais c'était avec Jim que Chubby partageait un lien spécial. Ce ne fut donc pas une surprise que ce chien agréable devienne un important compagnon pour Jim quand le malheur frappa la famille en 1991. Un incendie balayant tout sur son passage détruisit leur maison et Jim fut très grièvement brûlé. Durant les longs mois de guérison qui suivirent, Chubby demeura auprès de Jim, comme s'il le gardait et le protégeait contre tout autre mal. Quand la maison fut rebâtie et Jim capable de s'asseoir dehors sur la véranda, celui-ci lançait une balle à Chubby pour qu'il la rapporte ; ils passèrent de nombreuses heures en compagnie l'un de l'autre. Chubby, qui n'était plus très jeune lui-même, semblait aider et détendre Jim durant sa longue et douloureuse convalescence. Quand Jim et Mary étaient allés au lit, Chubby remplissait un autre rôle important comme chien de garde. Son ascendant kelpie en faisait une présence vigilante, féroce et rassurante à l'extérieur de la maison. Les mois passèrent et Jim récupéra de ses blessures, mais, en mai 1993, il tomba de nouveau malade.

L'INTUITION D'UN CHIEN

L'état de Jim inquiétait les médecins. Il avait souffert de graves maux de tête pendant un temps et il était très malade. Ils n'étaient pas les seuls à manifester de l'inquiétude. Une nuit de mai 1993, Jim entendit Chubby aboyer à la porte arrière. Quand il ouvrit la porte, Chubby entra en courant dans la maison, se dirigea droit vers la chambre à coucher et s'assit du côté du lit de Jim. Mary et Jim savaient que ce comportement était inhabituel, car Chubby était surtout un chien d'extérieur qu'on n'autorisait pas à entrer dans la maison et qui n'avait jamais manifester un tel désir auparavant. Cependant, voilà qu'il était là, du côté du lit de Jim, refusant de bouger.

Le lendemain, Chubby refusa encore de quitter la maison et demeura auprès de Jim. Ni lui ni Mary ne pouvaient expliquer le comportement du chien, mais ils lui permirent de rester à l'intérieur avec son maître. Le jour suivant, Jim subit une congestion cérébrale et sombra dans le coma ; il mourut à l'hôpital, peu après. À la maison, il était clair que Chubby savait exactement ce qui s'était produit. En effet, il semblait clair que l'animal avait pressenti ce qui allait arriver à Jim. Chubby s'assoyait désormais sur la véranda, apathique, sans manger et ne buvant qu'à peine. Puis, une semaine après le décès de Jim, il mourut paisiblement. Même s'il n'y avait pas de cause sûre à sa mort, Mary Wicks était certaine de savoir ce qui était arrivé au vieux Chubby. Séparé de son maître bien-aimé, elle croyait que le chien fidèle était simplement mort le cœur brisé.

Le dernier chant de la GRIVE

LES LIENS ÉTROITS ET INVISIBLES qui existent entre les animaux de compagnie et leurs maîtres peuvent se développer lentement avec les années et ils peuvent même se tisser avec des animaux trouvés dans la nature. Ce fut le cas entre William Milburn et une magnifique petite grive musicienne dont le nom, malheureusement, s'est perdu.

William Milburn avait été un bon ami pour sa compagne la grive ; aussi, quand il mourut, le petit oiseau lui chanta un dernier hommage.

William Milburn vivait à Jarrow-on-Tyne, dans le nord-est de l'Angleterre. Il était bien connu localement comme ami des oiseaux, soignant de nombreux individus malades ou blessés, ou des oisillons dont les parents avaient été tués. Il recueillait aussi des œufs abandonnés, les gardant au chaud pour les faire éclore, puis jouait à maman-papa auprès des petits jusqu'à ce qu'ils soient assez vieux pour se débrouiller seuls. William était un grand connaisseur des oiseaux, ainsi que de leur comportement et de leur caractère, et il semblait les comprendre. Chose certaine, les nombreux oiseaux dont il avait pris soin au cours des années semblaient adorer leur maître au grand cœur. La plupart du temps, William encourageait ses amis à plumes à être indépendants afin que, une fois adultes ou guéris de leurs blessures, chacun puisse s'envoler de nouveau. Autant William adorait avoir des oiseaux dans sa maison et son jardin, autant il com-

prenait que leur vraie beauté se révélait dans la nature. Aussi, tandis qu'il vieillissait et que les oiseaux s'envolaient, il y avait de moins en moins d'oiseaux de compagnie autour de chez lui. Dans les années 50, il ne resta plus qu'un seul oiseau : une grive musicienne. Les grives musiciennes, comme leur nom l'indique, ont un magnifique répertoire de mélodies qui, par un soir tranquille, peuvent être entendues jusqu'à près d'un kilomètre. William avait élevé cette grive particulière alors qu'elle n'était qu'un oisillon et il était très attaché à elle. Elle était aussi une musicienne particulièrement douée. Néanmoins, il l'encouragea à l'indépendance, ne la gardant pas en cage.

UN CHANT MAGNIFIQUE

En effet, l'oiseau était libre de voler autour de la maison et du jardin. Pourtant, alors que tous ses autres oiseaux s'étaient envolés, cette grive resta. Elle avait plutôt choisi de faire son nid chez William, se perchant parfois sur son épaule ou même sur sa tête quand il se promenait. Les visiteurs s'émerveillaient de ce que, dès que William apparaissait dans la pièce, le petit oiseau se lançait dans son chant le plus magnifique.

La grive femelle fut une bonne compagne pour William alors qu'il vieillissait. Néanmoins, le temps prélevait son tribut et un mauvais accès de grippe força le vieil homme à s'aliter. Tandis que William gisait malade, la grive lui tint compagnie mais, très silencieusement, chantant à peine.

Au bout de quelques jours, le vieil homme mourut. La grive resta dans la maison quand on exposa son corps dans un cercueil trois jours durant. Pendant tout ce temps, l'oiseau n'émit aucun son. Le jour des funérailles se leva et la grive, qui se déplaçait librement dans la maison, demeura tout à fait muette. Puis, quand les porteurs commencèrent à soulever le cercueil pour le sortir lentement de la maison vers le corbillard, le chant de la grive éclata, spectaculaire, comme si elle chantait un dernier adieu à son défunt maître. Le chant magnifique et triste dura jusqu'à ce que le corbillard soit hors de vue. Puis la grive redevint silencieuse une fois de plus. Elle ne chanta plus jamais. Le lendemain matin, des membres de la famille revinrent à la maison et découvrirent que le petit oiseau, comme son maître, était mort.

L A PLUPART DES HISTOIRES DE LIENS PSYCHIQUES entre les humains et le règne animal impliquent des animaux de compagnie. La plupart d'entre eux sont des chiens et des chats, voire des oiseaux, et parfois un cheval ou un lapin. De tels animaux sont adorables et il n'est pas difficile de percevoir comment des relations spéciales peuvent se développer. Par contre, aussi curieux que cela puisse paraître, il existe aussi des histoires bien documentées de liens étranges et inexplicables entre des humains et des abeilles. Les traditions impliquant abeilles et humains remontent loin dans le passé. Dans la vieille tradition anglaise de «le dire aux abeilles», il était essentiel qu'un membre de la famille informe les abeilles que leur gardien était mort. Habituellement, cela revenait à l'un des plus jeunes membres de la famille, qui, soit en faisait l'annonce à voix haute, soit attachait un morceau de crêpe funéraire noir aux ruches.

Toutefois, en certaines occasions, les choses sont allées plus loin : parfois, les abeilles ont manifesté leur propre forme de deuil envers leur gardien décédé. Un tel cas impliqua John Zepka, un apiculteur d'Adams au Massachussetts, aux États-Unis, qui mourut en 1956. Alors que le cortège funèbre arrivait à la fosse pour la mise en terre, on aperçut un essaim d'abeilles. L'essaim demeura immobile durant le service, puis s'envola. En février 1959, Ruby Parker remarqua qu'un essaim d'abeilles assista aux

Les abeilles
offrent leurs condoléances

Les abeilles peuvent former des liens profonds avec les gens qui s'occupent d'elles. Quand l'apiculteur Sam Rogers mourut, ses abeilles surprirent les personnes assistant aux obsèques en se joignant à elles pour lui faire leurs adieux au cimetière.

funérailles de Charles D. Hitt, son père apiculteur, du comté de Scott dans le Missouri, toujours aux États-Unis, même si c'était un jour froid d'hiver. Les plus vieilles abeilles ne retournèrent jamais à la ruche.

UN GARDIEN RESPECTÉ

Une des plus étonnantes histoires implique un vieil apiculteur anglais du nom de Sam Rogers. Sam était facteur et cordonnier dans un village du comté de Shropshire. Sam était aussi un apiculteur connu et très respecté, qui accordait beaucoup de temps et d'affection aux abeilles à sa charge. Comme la plupart des apiculteurs d'expérience, il semblait les manipuler de manière instinctive. Quand Sam mourut en 1961, ses enfants suivirent le rituel ancien, allant à chacune des 14 ruches de leur père dire aux abeilles à l'intérieur que leur gardien était décédé. Néanmoins, ce ne fut pas la fin de l'implication des abeilles dans l'histoire. Plus tard, alors que la famille et les amis étaient rassemblés autour de la tombe de Sam à 1,6 km de distance, ils furent salués par une vision extraordinaire : des milliers d'abeilles des ruches de Sam s'étaient envolées des ruches et bourdonnaient autour du cimetière. Ignorant les nombreux arbres en fleurs tout près, les abeilles se posèrent sur les fleurs des gerbes et des couronnes qui recouvraient le cercueil du vieux Sam. Elles y restèrent une demi-heure avant de retourner aux ruches. Les témoins de la scène furent profondément affectés par le spectacle. Le révérend John Ayling, le vicaire qui célébra le service ce jour-là, déclara qu'il devrait essayer de trouver une explication rationnelle au comportement des insectes. Il ajouta : « Mais si je n'en trouve pas, je dirai que ces abeilles sont venus dire adieu à Sam. »

En autant que Félix était concerné, la personne la plus importante dans sa vie était le vieux M. King. Quand le vieil homme mourut, le duveteux matou noir et blanc sentit qu'il était tout naturel de trouver sa tombe.

FÉLIX,
le félin fidèle

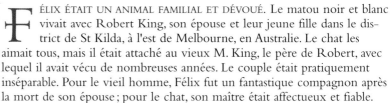

FÉLIX ÉTAIT UN ANIMAL FAMILIAL ET DÉVOUÉ. Le matou noir et blanc vivait avec Robert King, son épouse et leur jeune fille dans le district de St Kilda, à l'est de Melbourne, en Australie. Le chat les aimait tous, mais il était attaché au vieux M. King, le père de Robert, avec lequel il avait vécu de nombreuses années. Le couple était pratiquement inséparable. Pour le vieil homme, Félix fut un fantastique compagnon après la mort de son épouse ; pour le chat, son maître était affectueux et fiable.

Finalement, le triste jour vint où le vieux M. King mourut des suites d'une grave maladie. Naturellement, tous pleurèrent sa perte, même si leur chagrin était tempéré parce que le vieil homme avait vécu une vie longue et heureuse et qu'il avait été longtemps malade. Par contre, Félix le chat fut atterré par la mort de son maître. Lui qui avait toujours été d'un naturel calme et tranquille était visiblement bouleversé. Il refusait de manger les repas qu'il engloutissait normalement avec joie ; il errait sans but dans la maison ; il miaulait et se lamentait. Félix, semblait-il, était inconsolable. La famille était affectée par la détresse manifeste de l'animal alors que chacun avait de la difficulté à surmonter sa propre tristesse. Au bout de quelques jours, dans le but d'apaiser la douleur de Félix, la famille décida de l'amener faire un tour en voiture aux environs de Melbourne. Peut-être que cela distrairait Félix, qu'une nouvelle expérience l'aiderait à sortir de sa détresse.

Tout se passa bien au début, alors que la famille et Félix roulaient dans et hors de la ville par une magnifique journée ensoleillée. Puis l'auto arrêta à des feux de circulation et quelque chose d'étrange se produisit. Félix, qui était resté calmement assis, nettement rendu perplexe par cette nouvelle expérience, devint tout à coup très alerte. Sa fourrure se hérissa, il agita la queue et il sauta sur ses pattes dans un état d'anxiété évident. Avant que l'auto n'ait le temps de repartir, Félix sauta brusquement par une vitre de côté, laissée ouverte à cause de la chaleur. Alarmés, tous tentèrent de le rappeler et, même, de le suivre, mais cela ne servit à rien. La circulation était lourde et Félix disparut bientôt au loin.

UNE LONGUE ATTENTE

Survenant peu de temps après la disparition de M. King, le départ précipité de Félix fut un coup dur pour les membres de la famille King. Même s'ils espéraient son retour chez lui, à cette maison qu'il connaissait et avait aimé, au fond d'eux-mêmes, ils pensaient ne plus jamais revoir le chat.

Ce fut le cœur plus lourd encore que Mme King et sa jeune fille partirent, une semaine plus tard, pour visiter la tombe de M. King et y déposer des fleurs. Toutefois, en arrivant au cimetière, elles furent accueillies par une vision inattendue. Félix le chat lui-même y était, arpentant résolument la tombe.

Avec sa cicatrice caractéristique et sa queue légèrement crochue, Félix était exubérant et visiblement heureux de voir Mme King et sa fille. Mme King était sidérée. Comment diable Félix avait-il trouvé le cimetière et, plus encore, la tombe ? On était à plus de huit kilomètres de l'endroit où il avait sauté de l'auto et, de toute sa vie, le chat n'y était jamais venu.

Maintenant, toutefois, on ne pouvait plus éloigner Félix du lieu. Plusieurs fois, Mme King et sa fille s'y essayèrent mais, chaque fois, le chat sauta de l'auto avant même d'avoir atteint la grille du cimetière et retourna à sa veille. Pas question d'y échapper. Félix était résolu à «monter la garde» auprès de son maître, même sur sa tombe. Finalement, la famille King s'entendit avec le personnel du cimetière pour que l'animal soit nourri, et elle lui rendit visite régulièrement. Cependant, jamais on ne réussit à le persuader de quitter l'endroit. Jusqu'au jour de sa mort, Félix resta fidèle à feu son maître et veilla indéfectiblement sur sa tombe.

K ING ÉTAIT UN ANIMAL DE COMPAGNIE BIEN NOMMÉ. De couleur sombre, fort et imposant, il y avait assurément une allure royale chez ce berger allemand. Néanmoins, King reconnaissait aussi une autorité supérieure : son maître, Philip Friedman, auquel il était dévoué.

Philip et Clara Friedman tenaient une épicerie à Brooklyn, à New York, dans les années 30. En 1934, Philip, maintenant un homme âgé, était malade et sa famille savait qu'il était mourant. Bien sûr, King semblait le savoir. Depuis

Le lien étroit entre King et son maître signifiait que le berger allemand savait où et quand son maître avait été enterré.

KING,
le chien qui savait où son maître était enterré

son point de vue dans la cour du magasin, l'animal sentit ce qui arrivait à son maître et meilleur ami et il en était profondément peiné. Il n'y avait pas que son air attristé qui révélait ses pires craintes, mais aussi ses gémissements et ses pleurs quand il s'assoyait sous la fenêtre du mourant. Quand le vieillard commença à s'étioler, King devint de plus en plus angoissé. En novembre, quand le fier épicier mourut finalement, il était visible que King savait ce qui était arrivé à son maître, à qui il avait été dévoué. Le chien s'étira jusqu'à la fenêtre et gratta la vitre avec ses pattes, comme s'il adressait un dernier adieu à Philip. Puis il émit un profond et triste hurlement.

King resta enfermé en sécurité dans la cour tandis que la famille s'occupait de la triste nécessité de disposer du corps et d'organiser les funérailles, qui se déroulèrent calmement, avec dignité. Entre-temps, le compagnon de Philip manifestait des signes évidents de chagrin suite au décès de son maître. Tandis que la famille faisait son deuil à la maison, King restait calme durant les prières, mais, en d'autres occasions, il hurlait dans la cour et de l'intérieur de la niche que son maître lui avait bâtie. Personne ne savait comment réconforter l'animal en détresse.

Puis, trois jours plus tard, King s'échappa. Une bourrasque ouvrit la porte de la cour et, avant que quiconque ne puisse la refermer, le chien avait disparu. La famille affligée et les voisins commencèrent les recherches, inquiets à l'idée que le chien attristé du vieillard soit tout seul avec sa peine dans la ville. Néanmoins, leur quête fut vaine. Même une petite annonce placée dans le journal local ne rapporta aucun signe de King. Il semblait avoir disparu pour de bon.

Puis, un jour, un membre de la famille eut une idée. Pourquoi ne pas aller au cimetière où Philip avait été enterré, pour le cas au cas où King s'y soit rendu ? On se moqua d'abord de l'idée – King était resté bien enfermé durant l'enterrement et n'était même jamais allé au cimetière –, mais personne n'en ayant de meilleure, tous se mirent donc en route.

Sur place, au cimetière de Mount Hebron à Brooklyn, la famille eut la surprise de voir des empreintes de chien dans la neige, près de la tombe de Philip. Intrigués, les proches demandèrent à un gardien s'il avait aperçu un gros berger allemand dans le cimetière. À leur étonnement, le gardien confirma qu'il en avait aperçu un et, plus encore, il semblait que le chien revenait sur la tombe tous les jours, se couchait en travers, pleurant et gémissant, visiblement en détresse. Qui plus est, dit le gardien du cimetière, le chien revenait régulièrement chaque jour à 14 heures. La famille Friedman échangea des regards étonnés : l'enterrement de Philip avait eu lieu à 14 heures exactement.

Le lendemain, un membre de la famille attendit près de la tombe pour voir si King s'y présenterait. Peu après 14 heures, l'animal apparut au loin comme prévu. Le membre de la famille l'appela par son nom dans l'espoir de ramener l'animal éploré à la maison avec lui. King regarda plutôt brièvement devant lui un moment, puis il se retourna et disparut. Personne ne le revit plus jamais. King s'en était allé rejoindre son maître.

Souvent, un lien étroit se développe entre un être humain et un animal quand la personne a fait preuve de gentillesse envers l'animal. En de nombreuses occasions, la bête cherche à rembourser sa dette de gratitude. Tel fut le cas dans l'histoire de Hugh Perkins et de l'ami inattendu qu'il se fit dans les années 50. Hugh, alors âgé de 12 ans, menait une vie tranquille en Virginie de l'Ouest, aux États-Unis, et il avait souvent l'habitude de jouer seul dans le jardin. Un jour, un pigeon vola dans le jardin. Hugh fut intrigué par l'oiseau gris : il portait une bague en aluminium à une patte. C'était sûrement une sorte de pigeon voyageur ou de compétition. Pourtant, malgré cela, le pigeon n'était certainement pas pressé de retourner d'où il était venu. Hugh commença à nourrir son nouvel ami à plumes et le pigeon sembla être de plus en plus à l'aise et à se sentir chez lui. Le jeune garçon parlait à l'oiseau et celui-ci paraissait réagir au ton gentil de sa voix. Il était impossible de dire si l'oiseau s'était perdu ou avait eu faim, ou s'il avait seulement eu besoin d'un ami, mais il devint rapidement de plus en plus content d'être en présence de Hugh. En effet, en quelques jours, le pigeon s'était fermement établi comme l'animal de compagnie de Hugh et tous deux devinrent de bons amis. Le jeune garçon découvrit même que la bague à la patte de l'oiseau portait un numéro d'identification : 167.

Le pigeon
réconfortant

Un jeune garçon aida un pigeon tombé en vol dans la cour. Plus tard, quand le garçon fut lui-même malade, l'oiseau lui rendit sa gentillesse en volant plus de 160 km pour être au chevet de son jeune ami hospitalisé.

UNE MALADIE DANGEREUSE

L'amitié continua durant toute l'année qui suivit, Hugh nourrissant et parlant régulièrement à son compagnon. Un jour, toutefois, le jeune garçon tomba subitement et gravement malade. Désespérément inquiets pour la santé de leur fils, ses parents le conduisirent à plus de 160 km, de l'autre côté des montagnes, jusqu'à un grand hôpital où on pouvait le soigner. Au centre médical, les médecins opérèrent rapidement Hugh et on le déclara hors de danger. Néanmoins, il était encore très faible à la suite de son épreuve et on lui dit qu'il devrait passer du temps à l'hôpital jusqu'à ce qu'il ait repris des forces.

La nuit suivant l'opération, il y eut une tempête de neige et, alors qu'il était éveillé dans son lit, Hugh entendit un léger cognement dans la fenêtre. D'abord, il présuma que c'était dû à la tempête qui soufflait les branches contre la vitre. Cependant, le cognement persista, plus régulier et méthodique que celui d'un arbre qui se balance. Hugh regarda plus attentivement et aperçut ce que c'était : un pigeon, luttant contre le froid et la neige, donnait du bec contre la vitre. Hugh étant trop faible pour sortir du lit, il appela donc une infirmière pour qu'elle ouvre la fenêtre. Bien sûr, aussitôt fait, l'oiseau à moitié gelé sauta à l'intérieur. Hugh sut tout de suite qui était l'oiseau et la bague d'aluminium à sa patte le confirma : le numéro était 167. C'était le pigeon voyageur de Hugh. Le garçon avait fait preuve de bonté envers lui en le nourrissant et en lui offrant son amitié inconditionnelle. Cette fois, le même oiseau avait franchi plus de 160 km dans une tempête de neige pour lui rendre la pareille parce que Hugh était en détresse.

LE LIEN QUI SE DÉVELOPPE entre un individu et son animal de compagnie peut non seulement durer toute une vie, mais peut perdurer au-delà. Chez certains animaux, la loyauté envers une personne ne se limite pas seulement à ce monde. Du moins, c'est ce qui explique l'extraordinaire histoire de Shep, le chien de berger, et sa dévotion à un seul homme.

Le chien de berger noir et blanc vécut plusieurs années avec Francis McMahon à sa maison en Illinois, aux États-Unis. Le duo était quasi inséparable, se promenant ensemble ou restant calmement assis chez eux à écouter la radio. Cette vie heureuse dura plusieurs années, la loyauté de Shep favorisant toujours le bien-être et la sécurité de son maître. Francis, aussi, avait confiance en son chien tranquille et peu démonstratif. Néanmoins, un jour, il omit de prendre note du comportement de mise en garde de son chien, ce qui engendra de désastreuses conséquences.

La longue attente de SHEP

Cela se produisit au moment où Francis allait descendre l'escalier du sous-sol pour y faire une réparation quelconque. Shep se mit à japper furieusement. Comme cela ne ressemblait pas du tout au comportement normal du chien, Francis regarda donc autour de lui. Ne voyant rien qui sortait de l'ordinaire, il descendit l'escalier. Mais, quelques secondes plus tard, il perdit pied sur l'une des marches et tomba tête première dans le sous-sol. C'était un accident que, apparemment, Shep avait anticipé et redouté.

LE COMMANDEMENT DE SON MAÎTRE

On appela une ambulance et l'infortuné Francis fut aussitôt conduit d'urgence à l'hôpital, Shep suivant dans la voiture d'un parent. Il fut bientôt évident que Francis souffrait d'une fracture du crâne et qu'il était gravement malade. Toutefois, il était conscient et, bien sûr, tandis qu'on le roulait en civière hors de l'urgence, Francis fut

Le lien qui existait entre Shep, le chien de berger, et son maître était si fort que, même après la mort de celui-ci, le chien refusa de quitter le lieu où il l'avait vu vivant pour la dernière fois.

capable d'appeler Shep assis, inquiet et agité, dans un corridor près de la façade de l'hôpital. Francis dit à l'animal qu'il irait bien et, aussi, de l'attendre devant l'hôpital. Obéissant et loyal comme toujours, Shep fit ce que Francis lui demandait et attendit près des marches, devant l'hôpital, le retour de son maître. Malheureusement, l'état de Francis empira et il mourut, quelques heures seulement après avoir parlé à Shep. Le chien était de l'autre côté de l'hôpital quand cela arriva et il resta en place comme on le lui avait dit. Cependant, quand on sortit le corps de Francis par une porte à l'arrière de l'hôpital, le chien émit un hurlement de douleur et de peine. Il n'avait pas eu besoin de voir le corps de Francis pour savoir qu'il était décédé. Pourtant, malgré le décès de Francis, Shep resta où il était, près des marches en façade de l'hôpital. À compter de ce moment,

ce lieu devint son nouveau chez-soi. Il maintint une veille solitaire pour son maître défunt, une veille qui dura 12 années complètes. Bien que, tout au fond de lui, Shep sache que son maître était parti, il sentit que, en obéissant au dernier commandement de Francis, il pourrait en quelque sorte rester proche de l'homme qu'il aimait. Jusqu'à ce que, finalement, le temps soit venu pour lui de rejoindre son maître dans un monde meilleur.

La vision des tranchées de
BOB LE CHIEN

Bien que son maître soit à des centaines de kilomètres sur un champ de bataille, Bob le colley sentit tout à coup que la vie de l'officier était en danger et il hurla au moment exact de sa mort.

BOB NE FAISAIT PAS PARTIE DE LA FAMILLE depuis très longtemps et il était à peine plus qu'un chiot, mais le colley noir et blanc était dévoué à Roy, son maître, un jeune officier anglais de l'armée. Quand ils étaient à la maison, ils étaient inséparables, et Roy et son épouse s'émerveillaient tous deux de la nature enjouée et de l'énergie apparemment sans bornes de Bob. Toutefois, on était en 1915 et, comme beaucoup de jeunes hommes de sa génération, Roy fut appelé à se battre pour sa patrie dans ce qu'on nomma plus tard la Première Guerre mondiale. L'épouse de Roy savait qu'elle serait anxieuse quand son mari lui ferait ses adieux et partirait lutter contre les Allemands en France, mais elle n'était pas préparée au changement chez Bob. Durant les mois qui suivirent le départ de Roy, Bob devint calme et renfermé. Disparue l'espièglerie qu'elle et Roy avaient connue. Le jeune chien avait, nota-t-elle, un comportement «presque morose».

Bob prit l'habitude de dormir dans la chambre de sa maîtresse. Chaque nuit, le colley se couchait devant la porte et, chaque matin, il réveillait sa maîtresse en trottant vers elle pour lui lécher la main comme pour lui dire «Bonjour». C'était presque comme si, en restant près de l'épouse de son maître, il demeurait proche de son maître lui-même.

Cet arrangement se poursuivit, avec Bob ne montrant aucun signe qu'il recouvrait son plein d'entrain, jusqu'au matin du 15 septembre 1915. Ce jour-là, l'épouse de Roy s'éveilla comme à l'habitude, mais fut surprise de se rendre compte qu'elle n'avait pas été réveillée par le salut de routine de Bob. En fait, le chien n'était pas du tout visible. Elle l'appela deux fois et, finalement, le colley rampa de sous le lit. Il lécha la main de la femme, puis retourna aussitôt sous le lit en rampant.

Ce ne fut pas le seul comportement inhabituel de Bob. Normalement, le matin, il sortait se promener, mais, ce jour-là, il refusa net. Son nez était sec, il faisait de la fièvre et il se comportait bizarrement de façon générale. Inquiète de l'état apathique du chien, l'épouse de Roy décida de le conduire en voiture chez le vétérinaire. D'habitude, le colley sautait sur l'occasion d'un voyage en auto, mais, cette fois, sa maîtresse dut pratiquement le transporter jusqu'au véhicule. Malgré ses craintes, le médecin l'assura que rien n'allait manifestement mal chez le chien et le duo retourna à la maison. Par contre, Bob se comportait toujours bizarrement. Il refusa sa nourriture et resta couché sur le plancher, l'air morose, regardant sa maîtresse avec de grands yeux tristes. Elle eut presque l'impression que Bob essayait de lui dire quelque chose.

Alors même qu'elle songeait retourner chez le vétérinaire, le chien lança soudain un terrible hurlement lancinant. Pendant plusieurs minutes, Bob fut inconsolable et, même après qu'il ait cessé de hurler, il continua de gémir et de geindre d'une façon qui lui était tout à fait étrangère. Puis, graduellement, sa température baissa et, bien qu'il ait refusé de se nourrir pendant plusieurs jours, Bob sembla récupérer.

L'épouse de Roy était perplexe jusqu'à ce que, quatre jours plus tard, elle reçoive la nouvelle que Roy était mort au combat. Elle apprit d'un autre officier que son brave mari avait été tué alors qu'il sortait des tranchées pour aller à l'assaut de l'ennemi.

Elle apprit aussi la date et l'heure de son décès : le moment précis où Bob avait commencé son triste et terrible hurlement. Le comportement de l'animal, le 15 septembre, avait maintenant du sens. D'une façon surprenante, Bob savait que son maître courait un grave danger ce jour-là. Le pauvre animal avait été conscient de l'effroyable sort de son maître au moment où il se produisit et il avait hurlé sans contrôle face à la perte terrible que lui et sa maîtresse partageaient désormais.

EN DE RARES OCCASIONS, un acte de dévouement et de loyauté est si absolu qu'il peut rester vivant dans la mémoire collective pour inspirer les générations futures. Ce fut le cas de l'incroyable histoire, datant du 19e siècle, de Bobby au cimetière des Franciscains. Bobby était un jeune et brave Skye terrier qui appartenait à un policier nommé John Gray. Celui-ci – mieux connu sous le nom de Auld Jock – occupait un poste à Édimbourg, en Écosse. La vie d'un officier de police était difficile et dangereuse et, pendant deux ans, Bobby fut le parfait compagnon d'Auld Jock tandis qu'il patrouillait les rues de la ville, tard la nuit. Toutefois, le travail prélevait son tribut et, un jour de 1858, John tomba malade. Il mourut en peu de temps, au plus grand désarroi du jeune terrier. Bobby était parmi les gens qui assistèrent aux obsèques de son maître qui se terminèrent par une cérémonie sur la tombe au Greyfriars Kirkyard (le cimetière des Franciscains) à Édimbourg où John était enterré. Ensuite, des amis ramenèrent le chien bouleversé chez lui, où ils discutèrent de ce qu'on ferait de lui. Cependant, Bobby n'était pas d'humeur à être séparé de son maître. Dans la nuit, il s'échappa et retourna au cimetière.

Le dévouement désintéressé de Bobby au cimetière des Franciscains est l'une des histoires d'amitié les plus émouvantes entre un homme et son chien. Le terrier garda la tombe de son maître durant 14 ans.

BOBBY,
le terrier dévoué du cimetière

UN CHIEN LOYAL

Malgré les grilles habituellement verrouillées, Bobby réussit à entrer, probablement quand des policiers en patrouille ouvrirent le cimetière. Après tout, de feu son maître, Bobby avait tout appris des routines de la police.

Au matin, James Brown, le gardien du cimetière, trouva Bobby couché sur la tombe de John Gray. C'était contraire au règlement de laisser un chien entrer dans le cimetière et, donc, Brown s'assura que le petit chien quitte les lieux. Néanmoins, le lendemain matin, Bobby était encore là ; de nouveau, James dut le faire sortir. Le troisième matin, Bobby étant une fois de plus sur la tombe de son maître, le gardien eut pitié du petit animal. Le temps étant froid et humide, il lui donna un peu à manger. À compter de ce moment, Bobby devint un élément permanent du cimetière. Parfois, quand le temps était très mauvais, on lui donnait asile dans une maison tout près. Cependant, il n'était jamais heureux loin du cimetière et il savait le manifester. L'incroyable veille de Bobby dura jusqu'à sa propre mort en 1872 – soit 14 ans après le décès de son maître ! Comme on pouvait s'y attendre, le corps du terrier fut enterré près de la tombe de John Gray. À cette époque, l'exemple du petit chien était devenu une source d'inspiration pour les habitants d'Édimbourg et pour beaucoup de gens vivant ailleurs. Une statue fut installée pour commémorer le dévouement de Bobby envers son maître et des visiteurs viennent toujours au cimetière pour la voir. L'histoire de Bobby donne lieu régulièrement à des reconstitutions et on a tourné un film inspiré de l'histoire. Le simple exemple du désintéressement et de la loyauté de Bobby est, toutefois, beaucoup plus puissant que toute statue ou tout film ; il est un hommage indéfectible à cet incroyable lien qui existe entre un être humain et un animal.

L'instinct accueillant de FLORa et maïa

L ES DEUX CHATTES SIAMOISES FLORA ET MAÏA vivaient avec Judith et Geoffrey Preston-Jones dans la magnifique campagne du Kent, dans le sud de l'Angleterre. Elles avaient un lien spécial avec Judith ; celle-ci raconte qu'elles étaient «beaucoup mes chattes». Caractéristiques de leur race, elles étaient toutes deux belles et très intelligentes, mais partageaient aussi une autre qualité spéciale : elles semblaient toujours savoir le moment exact du retour de leur maîtresse à la maison. L'heure du jour ou de la nuit n'importait pas : les deux siamoises possédaient le don étonnant d'anticiper l'arrivée de Judith, même quand elle s'absentait loin de la maison. Dès qu'elles savaient que Judith était sur le point d'arriver, elles commençaient à manifester des signes révélateurs d'anticipation et d'excitation. Si la température était belle et chaude, en été surtout, Flora et Maïa sortaient en courant s'asseoir dans le jardin, en façade, jusqu'à ce que Judith arrive. Par contre, si le temps était froid et humide, elles restaient à l'intérieur au sec et au chaud. Mais, là encore, elles démontraient qu'elles savaient que l'arrivée de Judith était imminente en attendant près de la porte.

ÉTRANGES APTITUDES

Le don d'anticipation des chattes était si remarquable que, pendant les années 90, Geoffrey et Judith tinrent chacun un journal sur les chattes et leurs réactions. Ces journaux montrent que, lorsque Judith était loin de la maison pendant des périodes plus longues ou quand elle revenait du travail en soirée, les deux bêtes commençaient à manifester leur excitation environ 10 minutes avant son arrivée. Comme Judith le disait : « Elle dormaient comme des zombies puis, tout à coup, elles se réveillaient quand je revenais vers la maison. Mon mari savait toujours quand je revenais. Je pense que c'est une faculté que possèdent tous les animaux. Je ne peux pas vraiment l'expliquer. »

Il y eut toutefois quelques exceptions à ce comportement. À une occasion, alors qu'il faisait très froid, les chattes laissèrent tomber leur position d'attente habituelle et, répondant au besoin félin typique de se garder au chaud, elles restèrent blotties près de la chaudière. À une autre occasion, Flora et Maïa échouèrent à anticiper le retour à la maison de Judith. C'était probablement parce qu'un homme était venu réparer la machine à laver et que les chattes, gênées, avaient filé à l'étage pour se cacher de l'étranger.

Le moment le plus remarquable se produisit un soir, quand Judith revint vers 21 h 40. Elle avait assisté à une réunion dans un village, à environ 5 km de la maison. Geoffrey l'informa que, à cette occasion, l'instinct d'accueil des chattes avait très mal fonctionné. Il raconta que le couple était entré dans son état habituel d'agitation à 21 h et que, par conséquent, il s'était attendu au retour de son épouse vers 21 h 10. Mais elle n'était pas arrivée, ce qui suggérait que le système avertisseur des chattes n'était pas infaillible, après tout. Cela dit, Geoffrey ne s'attendait pas à l'explication subséquente des évènements que livra Judith. Elle avait vraiment quitté la réunion plus tôt et elle était\dans son auto prête à rouler vers la maison quand elle s'était rappelé qu'elle devait dire quelque chose à un ami ; elle était donc retournée au lieu de la réunion jusqu'à 21 h 30. Flora et Maïa avaient réagi exactement au moment où Judith était montée dans sa voiture la première fois, soit à 21 h précisément.

Peu importe le moment du jour ou de la nuit de son retour, ou la distance qu'elle avait parcourue, les magnifiques chattes siamoises Flora et Maïa savaient toujours exactement quand leur maîtresse bien-aimée allait arriver.

Certains animaux de compagnie révèlent leurs liens psychiques avec les humains non seulement en sachant quand une personne revient à la maison, mais aussi en sachant si cette personne téléphone à la maison. Il y a un certain nombre d'histoires bien documentées d'animaux qui semblent savoir qui est à l'autre bout de la ligne quand le téléphone sonne. Par exemple, David Waite de l'Oxfordshire, en Angleterre, raconte que, quand il est en voyage d'affaires et que ses parents gardent la maison, son chat Godzilla réagit à la sonnerie du téléphone seulement si c'est lui qui appelle à la maison ; Godzilla ignore les autres appels. Kerry, un perroquet du Yorkshire du Nord, toujours en Angleterre, crie : « Michelle » ou « Jeanine » quand le téléphone sonne, selon que l'une ou l'autre des deux soeurs appelle à la maison. Néanmoins, l'une des plus remarquables histoires d'animaux de compagnie anticipant le retour de leur maître provient de la famille Zaugg, de Suisse. À première vue, Méo n'était qu'un chat blanc et noir ordinaire. Durant les années 70, il vivait calmement avec la famille dans leur maison de la petite ville tranquille de Biel, non loin de Berne. Cependant, Méo n'était certainement pas un chat ordinaire, faisant preuve d'un talent extraordinaire, une habileté décrite par Helena Zaugg, un membre de la famille. Elle disait que Méo, qu'elle avait trouvé abandonné dans une rue de Berne, était particulièrement proche de son père Hans, avec qui il

méo,
le chat télépathe

La famille de Hans Zaugg savait quand celui-ci revenait vers la maison parce que Méo, son chat dévoué, réagissait toujours de la même façon.

semblait partager une relation spéciale. Après que M. Zaugg ait pris sa retraite comme ingénieur électricien, il travaillait parfois pour une connaissance dans le canton d'Argovie, à une courte distance en train. Quand M. Zaugg était loin de la maison, il téléphonait parfois pour vérifier que tous allaient bien et pour rassurer la famille en faisant savoir que tout allait bien pour lui aussi.

CAPACITÉS PSYCHIQUES

Toutefois, selon Helena, la famille savait toujours quand il était sur le point de téléphoner. Une minute avant que le téléphone sonne, Méo devenait agité et s'affalait tout juste à côté de l'appareil, comme s'il voulait y répondre lui-même. C'était particulièrement inhabituel parce que le gentil Méo ne se comportait jamais ainsi pour d'autres appels. En outre, les capacités psychiques de Méo ne s'arrêtaient pas là. M. Zaugg avait l'habitude de revenir à la maison en train jusqu'à la gare de Biel, puis en scooter pour le reste du chemin. La famille savait exactement quand le train était entré en gare parce que Méo se déplaçait près de la porte d'entrée 20 minutes avant que M. Zaugg ne la franchisse, les 20 minutes correspondant à la durée du trajet en scooter. Néanmoins, parfois, M. Zaugg arrivait un petit peu plus tôt que prévu par un autre train et il téléphonait de la gare pour prévenir sa famille. Cela aussi, la famille le savait à l'avance parce que, en de telles occasions, Méo s'assoyait, une fois de plus, près du téléphone quelque temps avant qu'il ne sonne. Ensuite, réalisant ce que signifiait l'appel, il se rendait jusqu'à la porte d'entrée pour y attendre le retour de son maître. Il semble que Méo ne savait pas seulement quand son maître téléphonait, mais aussi pourquoi il le faisait. Vraiment, Méo n'était pas un chat ordinaire.

Rusty, petit chien hybride de la taille d'un épagneul, était du genre qu'on ne pouvait pas ignorer facilement. Avant de partager le toit des sœurs Elizabeth et Sue Bryan, il avait vécu quelque temps dans la rue et c'était une nature enjouée et coriace. Comme le dit Sue : « Rusty était un chien dégourdi, comme Clochard dans le film de Disney *La Belle et le Clochard*. Il était extrêmement intuitif. »

Rusty,
le chien-radar

Rusty était sûrement à la hauteur de sa réputation d'intuitif. La maison que Sue et Elizabeth partageaient était située à Crawley, une petite ville dans le magnifique comté du Sussex, près du grand aéroport principal de Gatwick, près de Londres. L'emplacement convenait bien au travail d'Elizabeth qui était agente de bord pour une importante compagnie aérienne britannique. Bien que ce métier ait ses aspects attrayants, comme voyager vers des lieux lointains, le travail d'hôtesse de l'air est aussi très exigant et parfois exténuant. Certains des aspects les plus difficiles du travail sont l'imprévisibilité des horaires et leur longue durée,

Quand Sue Bryan voulait savoir à quel moment sa sœur Elizabeth, hôtesse de l'air, allait arriver, elle n'avait qu'à observer les réactions de Rusty, leur chien intuitif.

de même que l'organisation irrégulière du travail qui en découle. Ce qui signifie qu'il est difficile pour ceux qui restent à la maison de savoir quand leurs êtres chers rentrent à la maison. Toutefois, chez les Bryan, ça ne posait pas de problème, car Sue savait exactement quand l'avion de sa sœur se posait à l'aéroport : elle n'avait qu'à observer la réaction de Rusty.

UN ATTACHEMENT SPÉCIAL

Même si Rusty s'entendait bien avec Sue, il avait développé un attachement spécial envers Elizabeth et il lui était dévoué. Par conséquent, il suivait de près ses départs et ses retours à la maison. Dès que l'avion d'Elizabeth se posait, Rusty dressait les oreilles, sautait sur le canapé, puis regardait attentivement par la fenêtre attendant son retour à la maison. Peu importait que l'avion ait du retard ou que son horaire de travail soit irrégulier. En fait, Elizabeth travaillait sur des vols longs et courts, ainsi que sur des vols de nuit et de jour. Et le fait que Gatwick soit l'un

des aéroports les plus achalandés au monde, avec des avions atterrissant et décollant constamment n'y changeait rien non plus ; Rusty savait toujours quand son avion se posait. Le chien était si fiable que Sue utilisait son comportement comme une sorte d'horaire des vols. Peu importe jusqu'où Elizabeth avait volé ou l'imprévisibilité de son vol, durant les trois ans qu'il partagea leur foyer, Rusty ne s'est jamais trompé. Une fois l'avion posé, Rusty se calmait mais, dès que la voiture d'Elizabeth atteignait le carrefour près de leur maison, il recommençait à s'exciter.

Sue fut toujours étonnée de l'habileté de Rusty. « Il ne pouvait pas savoir quand Elizabeth reviendrait à la maison, que ce soit le jour ou l'heure. Mais j'ai toujours su quand son avion avait atterri, parce qu'il réagissait de la même façon chaque fois. C'était extraordinaire. »

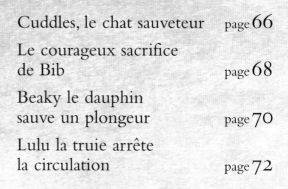

Chapitre trois

sauvetages

LES ANIMAUX DE COMPAGNIE peuvent nous apporter beaucoup. Ils nous donnent leur amour, leur amitié et leur compagnie. Ils nous font rire et, parfois, pleurer. Pourtant, il y a des fois où la relation est encore plus importante que tout ça. Il arrive que nos animaux de compagnie nous sauvent la vie. Les animaux sont en accord avec le monde qui les entoure et ils peuvent sentir ce qui se produit avant que nous en soyons conscients. Parfois, ils peuvent même prévoir ce qui va arriver. Ils savent aussi quand nous sommes en danger et font de leur mieux pour nous aider, parfois avec des résultats éclatants.

CUDDLES,
le chat sauveteur

C'ÉTAIT UNE SOIRÉE TRÈS SPÉCIALE pour Dede Summerscales. Le lendemain devait être le jour le plus heureux de sa vie – le jour de son mariage – et elle avait consacré ses dernières heures de célibat à s'assurer que tout était prêt et en place. Finalement, après tous les efforts d'une journée très excitante mais épuisante, elle avait hâte à une bonne nuit de sommeil.

Ainsi, le soir du 8 septembre 1978, Dede termina enfin ses préparatifs et se mit au lit dans sa maison à Kalamunda, en Australie-Occidentale. Comme la température du début du printemps était fraîche, elle brancha la couverture chauffante électrique. En s'enfouissant sous les couvertures, elle se sentit confortable et au chaud. C'est alors qu'elle entendit un bruit à la porte. Intriguée, elle se leva pour voir ce qu'il en était et, à sa grande surprise, elle découvrit Cuddles, son chat. L'animal entra dans la chambre et sauta sur le lit de Dede, bien déterminé à y passer la nuit. Son comportement étonna Dede, parce que le chat avait l'habitude de dormir au rez-de-chaussée, jamais avec elle. Toutefois, il était peut-être excité par le mariage et voulait passer cette dernière nuit avec sa maîtresse. De toute manière, étant trop fatiguée pour y songer longtemps, Dede sombra bientôt dans un sommeil profond et paisible.

UN CADEAU INESTIMABLE

Quelques heures plus tard, Dede fut brusquement tirée de son sommeil. En se réveillant, elle découvrit Cuddles assis tout près de son visage, la léchant et produisant un cri plaintif inhabituel. Un peu ennuyée d'être réveillée et se demandant pourquoi son chat se comportait si bizarrement, Dede s'assit dans le lit. C'est alors qu'elle enregistra la forte odeur de fumée dans la chambre. Baissant vite les yeux, elle vit exactement la source de la fumée : sa couverture chauffante fondait et s'enflammait. Dede sauta hors du lit, débrancha prestement la couverture et étouffa les flammes, furieuse d'avoir laissé la couverture branchée durant son sommeil, mais soulagée de s'être réveillée à temps. Encore ébranlée par l'incident, Dede finit néanmoins par se rendormir.

Tôt le lendemain matin, le père de Dede examina l'appareil et découvrit qu'une connexion s'était relâchée et que la couverture avait commencé à se consumer. Il était clair désormais que, si elle ne s'était pas alors réveillée, Dede aurait pu être brûlée gravement, voire tuée par le feu. À ce moment-là, bien sûr, elle comprit pourquoi Cuddles était monté à sa chambre tard dans la soirée et l'avait réveillée au milieu de la nuit. Cuddles avait pressenti le danger et avait agi pour sauver sa maîtresse.

À compter de ce jour heureux entre tous, Dede sut que Cuddles était plus qu'un simple animal de compagnie. Il était en fait un ami véritable et fidèle qui avait offert à sa maîtresse le plus beau des cadeaux de mariage : la vie même.

La future mariée Dede n'oubliera jamais le dévouement de Cuddles, son chat. La veille du mariage de la jeune femme, l'animal débrouillard la sauva d'un incendie.

IL EXISTE DES ACTES DE BRAVOURE et de courage de toutes les formes et de toutes les tailles. Il en va de même pour les héros. Un héros animal prouva qu'il n'est pas besoin d'être physiquement gros ou fort pour être un sauveteur : Bib, un serin. L'oiseau chanteur jaune appartenait à une vieille dame, qu'on appelait couramment Tante Tess dans le quartier. Ils vivaient ensemble à Hermitage, au Tennessee, aux États-Unis, et Bib était un joyeux compagnon pour sa vieille maîtresse. Il chantait constamment et son caractère pétillant réconfortait Tante Tess au crépuscule de sa vie.

Toutefois, à cause de l'âge, Tante Tess était vulnérable dans sa maison, avec son serin pour seul compagnon. Quoique sa tante ait décidé de vivre ainsi, sa nièce, qui habitait tout près, gardait un œil attentif sur la vieille dame. Chaque soir, elle s'assurait que les lumières

Le courageux sacrifice de BIB

Il avait beau être très petit, Bib le brave serin eut le courage et la force de sauver la vie de Tante Tess.

étaient allumées dans la maison de sa tante, indiquant que tout allait bien. C'était un système informel, mais il faisait bien l'affaire.

Un soir qu'il pleuvait et ventait, la nièce procéda à sa vérification habituelle des lumières chez sa tante ; à travers l'orage, elle vit qu'elles étaient allumées. Rassurée de savoir que tout allait bien chez sa tante, la jeune femme tira ses propres rideaux et s'installa avec son mari pour passer une soirée tranquille à la maison, bien à l'abri des éléments déchaînés.

AU BON MOMENT

Toutefois, au milieu de la soirée, le couple entendit des coups bruyants dans une vitre. Croyant d'abord que c'était une branche que le vent avait poussée contre la maison, le couple ne réagit pas. Mais le bruit continua avec insistance, montrant une urgence. Maintenant alertée, la nièce courut à la fenêtre, écarta les rideaux et aperçut un petit oiseau jaune sur le rebord extérieur. La pauvre créature était trempée et battue par les éléments. C'était Bib. Déconcertée à la vue du serin, la nièce pensa que quelque chose d'anormal avait

pu se produire chez sa tante. Son mari et elle coururent jusqu'à la maison aussi vite qu'ils le purent, mais on ne répondit pas à leurs coups pressants. Quand ils parvinrent à entrer, ils virent pourquoi : Tante Tess était étendu sur le sol dans l'entrée. Il y avait une mare de sang à côté d'elle et des indices d'après lesquels elle s'était peut-être heurté la tête sur une table en trébuchant et tombant. Par bonheur, ils étaient arrivés au bon moment et purent la conduire à l'hôpital pour qu'elle y soit traitée d'urgence.

Tess se rétablit bien et put retourner chez elle. Toutefois, pour Bib, les nouvelles étaient moins bonnes. L'effort de cogner contre la vitre de la nièce avait été trop exigeant et le serin s'était effondré, mourant sur place. Ils trouvèrent son petit cadavre à côté de la fenêtre à laquelle il avait cogné. Tess et sa famille furent profondément attristées par sa mort. Toutefois, elles savaient qu'il n'était pas mort en vain. Si Bib n'avait pas courageusement donné l'alerte de la seule façon à sa portée, Tante Tess aurait succombé. Compagnon loyal, Bib avait fait le sacrifice ultime : il avait sauvé la vie de sa maîtresse et amie.

LES DAUPHINS COMPTENT PARMI LES MAMMIFÈRES les plus intelligents et ces animaux merveilleux semblent assurément apprécier la compagnie des humains. Cela dit, à l'occasion, la relation s'est élargie bien au-delà du simple plaisir et a impliqué des situations de vie ou de mort. Par exemple, dans un tel cas en 1967, un groupe de dauphins en mer Noire signifia clairement à l'équipage d'un navire de pêche qu'ils avaient besoin de l'aide des humains. Entourant le navire et pointant dans une certaine direction, les dauphins le guidèrent jusqu'à une balise, dans le câble de laquelle un bébé dauphin était piégé. Les pêcheurs purent libérer rapidement l'animal et les dauphins manifestèrent leur joie et leur gratitude en escortant le navire jusqu'au port. D'une certaine manière, les dauphins avaient su que les pêcheurs étaient en mesure de les aider.

Aucun humain n'a jamais eu de meilleur ami que Beaky, l'exubérant et intrépide dauphin qui sauva la vie du plongeur Keith Monery.

Beaky
le daupin sauve un plongeur

Cependant, l'histoire la plus saisissante est celle de Beaky, un dauphin à gros nez, qui vivait dans les années 70 au large de la côte déchiquetée de Cornouailles, en Angleterre. Bien qu'il fût un animal sauvage, Beaky devint une attraction familière et

populaire auprès des écoliers et des plongeurs de la région durant de nombreuses années. On attribua à ce remarquable dauphin de 3,50 m (12 pi) d'avoir sauvé pas moins de quatre vies humaines en différentes occasions. L'une était celle d'un membre de l'équipage d'un cargo, qui tomba à la mer sans gilet de sauvetage. L'homme serait certainement mort si Beaky ne l'avait pas maintenu à flot jusqu'à ce qu'il soit secouru. Néanmoins, le récit le plus touchant impliqua Keith Monery qui faisait de la plongée au large de Penzance en 1976.

SIGNAL DE DÉTRESSE

Keith était un plongeur d'expérience, mais, cette fois, il se heurta à des difficultés à cause de la mer agitée. Son gilet de sauvetage s'était rempli d'eau et, même en se délestant de ses poids de plongée, il avait du mal à rester à flot. Conscient que sa vie était en danger, Keith utilisa le signal de détresse de plongée – agiter le poing fermé – pour un appel à l'aide d'urgence. Une collègue plongeuse, Hazel Carswell, vit le signal et, réalisant que Keith était en difficulté, elle tenta de l'aider. Toutefois, avant même qu'elle ne puisse s'approcher, un autre sauveteur nagea avec fougue à la rescousse : Beaky. Le dauphin était

arrivé sur les lieux, apparemment surgi de nulle part, et, d'une manière certaine, était conscient de l'état périlleux de Keith. Tandis que le plongeur luttait pour rester à flot, le dauphin nagea vite sous lui et, avec son nez puissant, il repoussa à répétition le plongeur en détresse à la surface de l'eau. Encore et encore, comme Keith replongeait sous l'eau, Beaky le repoussa vers le haut. Sans l'aide de l'animal, Keith aurait bien pu se noyer dans ces eaux agitées. Beaky garda plutôt le plongeur à flot jusqu'à ce que Hazel puisse nager pour aider au sauvetage. Même alors, Beaky resta à proximité, s'assurant que les deux plongeurs étaient capables de rester à la surface jusqu'à l'arrivée du bateau de sauvetage qui tira Keith hors de l'eau. Ce ne fut qu'à ce moment que Beaky prit le large, conscient de ce que son rôle de sauveteur n'était plus requis.

LULU ÉTAIT UN ANIMAL DE COMPAGNIE d'un genre plutôt inusité. C'était une truie naine ou vietnamienne que Jo-Ann et Jack Altsman, de Beaver Falls, en Pennsylvanie, aux États-Unis, avait offert en cadeau à leur fille adulte, Jackie. Toutefois, Jackie n'avait pas été très enthousiaste à l'idée d'avoir une truie autour de la maison et, après qu'elle eut «gardé» l'animal une fin de semaine, ses parents ramenèrent Lulu chez eux. Ils s'entichèrent de la truie, même quand elle eut gonflé à un poids de 68 kg (150 lb), et décidèrent de l'adopter. Peu après, ils furent très heureux de leur décision.

Une journée du mois d'août 1998, Jo-Ann était à la maison quand elle s'effondra avec une douleur atroce dans la poitrine. Elle savait que c'était une crise cardiaque, en ayant déjà subi une. Étendue impuissante sur le plancher, elle souffrait beaucoup, mais était incapable d'atteindre le téléphone pour appeler à l'aide. Elle commença à craindre de mourir seule… sauf qu'elle n'était pas seule. Sentant la détresse de la femme, Lulu se dandina jusqu'à elle pour y voir de plus près. De grosses larmes se mirent à couler le long de son groin et la bête produisait des sons très inhabituels. Jo-Ann réalisa que la truie pleurait à cause d'elle. Cependant, Lulu n'était pas venue seulement pour manifester son chagrin. Consciente de ce que sa maîtresse avait

LULU
la truie arrête la circulation

C'était peut-être l'héroïne la plus improbable, mais Lulu la truie vietnamienne savait exactement ce qu'elle devait faire pour sauver la vie de Jo-Ann.

besoin d'aide de toute urgence, la truie s'élança aussi vite qu'elle le pouvait vers la porte arrière, dans laquelle les Altsman avaient pratiqué une chatière. Bien qu'elle fût beaucoup trop grosse pour cette modeste ouverture, Lulu parvint néanmoins à s'y faufiler, se coupant au passage, et courut dans le jardin. Là, elle força le portail arrière et s'élança dans la rue. Lulu n'avait jamais quitté seule la maison auparavant et certainement pas sans laisse ; par conséquent, ce contact avec l'extérieur dut être déconcertant, mais, pourtant, la truie savait ce qu'elle devait faire.

OBTENIR DE L'AIDE

Chaque fois qu'une voiture approchait dans la rue, Lulu courait devant et se couchait. Elle répéta cet extraordinaire comportement plusieurs fois, la plupart des automobilistes évitant la truie ensanglantée et poursuivant leur route. De temps à autre, Lulu retournait dans la maison – via la chatière – pour aller auprès de Jo-Ann, puis s'élançait de nouveau dans la rue. Après de nombreuses tentatives, Lulu parvint à persuader un automobiliste de s'arrêter. Inquiet pour le bien-être de l'animal, il descendit pour en savoir

davantage. Ce fut alors que Lulu déclencha le deuxième volet de son plan.

Tandis que l'homme approchait, Lulu bondit et trotta jusque dans la maison, s'assurant que l'automobiliste intrigué la suivait. En approchant de la maison, l'homme cria depuis l'autre côté de la porte au propriétaire que son cochon était mal en point. Éberluée, Jo-Ann répliqua qu'elle était mal en point et supplia l'homme de composer le 911. L'ambulance arriva et Jo-Ann fut conduite d'urgence à l'hôpital, où les médecins lui dirent qu'elle aurait connu une mort certaine si on l'avait amenée 15 minutes plus tard. Étant donné ces circonstances, elle se rétablit complètement.

Entre-temps, Lulu, contusionnée et coupée à force de passer par la chatière, avait tenté d'accompagner Jo-Ann dans l'ambulance, mais l'équipe de secours avait estimé que c'était peut-être pousser les choses un peu trop loin. Peu importe, Lulu avait déjà rempli son rôle. Sentant un danger, elle avait sans aucun doute sauvé la vie de sa maîtresse. Les Altsman étaient certainement heureux d'avoir décidé de garder cet animal remarquable.

N ATURELLEMENT, LE DÉSIR DES ANIMAUX DE COMPAGNIE, c'est d'aider la personne ou la famille qu'ils aiment. C'est habituellement au sein de la famille que se tissent les liens invisibles entre humains et animaux, encourageant le désir des animaux à venir au secours de leurs maîtres. Néanmoins, il arrive parfois qu'un animal aidera un humain, même s'ils ne se sont jamais rencontrés auparavant et pourraient ne jamais plus se voir par la suite. Scotty était un tel chien.

Sauvés par SCOTTY

Scotty était un aimable chien hybride qui vivait avec sa famille dans la région des monts Ozark de l'Arkansas, près de la belle rivière nationale Buffalo. Le paysage qui borde la rivière est l'un des plus attrayants et des moins perturbés de cette partie des États-Unis, avec ses animaux sauvages et son relief accidenté toujours populaires auprès des visiteurs. Quoique la région soit très sécuritaire, ce n'est tout de même pas le genre d'endroit où vous voudriez que votre enfant se promène seul, la nuit, en hiver. Cependant, c'est ce qui arriva à une infortunée famille. Celle-ci avait profité de la pâle lumière solaire d'hiver pour faire une promenade le long d'une partie de la rivière. Toutefois, on ignore comment cela se fit, mais, Misty Hagar, une enfant adoptée, se trouva séparée du reste du groupe à la fin de l'après-midi. Au bout de quelques minutes, elle se perdit dans le milieu sauvage. Constatant bientôt sa disparition, sa famille contacta une équipe de secours pour la rechercher. La famille et les spécialistes avaient de bonnes raisons de s'inquiéter. Sous le soleil, la température avait été trompeusement chaude, mais désormais le mercure plongeait. Pire encore, les météorologues annonçaient une tempête de neige durant la nuit et tout ce que portait Misty se résumait à un blouson léger et à un pantalon tout aussi léger.

Quand l'écolière Misty se perdit dans la nature sauvage, sa famille craignit le pire. Toutefois, Scotty le chien s'assura que la fillette survive aux dangers de la forêt.

UNE COURSE CONTRE LA MONTRE

Sachant qu'ils devraient lutter contre les éléments et que les chances étaient minces que Misty survive à la nuit par ses propres moyens, les sauveteurs passèrent à l'action. Un hélicoptère muni du plus récent équipement d'imagerie thermique infrarouge se joignit à l'effort, tandis que l'équipe de secours d'une centaine de personnes était appuyée par des chiens de Saint-Hubert. Néanmoins, tandis que le début de la soirée devenait la nuit, il n'y avait toujours aucun signe de Misty.

Toutefois, à l'insu des secouristes, Misty était entre bonnes mains ou, plutôt, pattes. Scotty vivait non loin de l'endroit jusqu'où Misty avait erré. En promenade lui-même, le chien blanc à poil long et hirsute sentit bientôt sa présence et alla à son secours. Durant cette longue nuit glaciale, Scotty resta tout contre Misty, la laissant se pelotonner au chaud dans son épaisse fourrure. Plus remarquable encore, Scotty sembla avoir caché les souliers de la fillette pour l'empêcher de poursuivre son chemin, ce qui lui évita d'errer sans but et, possiblement, de s'éloigner de plus en plus des secours. Ainsi, quand les secouristes sérieusement anxieux trouvèrent Misty au bord de la rivière le lendemain matin, elle était saine et sauve, enveloppée dans la chaude fourrure de Scotty. On pleura de joie et on soupira profondément de soulagement en la découvrant, mais Scotty lui-même était peu enclin aux effusions. Sachant que son amie d'une nuit était en sécurité, Scotty laissa Misty, sa famille et les sauveteurs à leurs étreintes et retourna tranquillement chez lui. Son travail était fini.

BRANDI
sauve son maître

Aller chercher le téléphone n'avait jamais fait partie des habiletés antérieures de Brandi, mais c'est pourtant ce que fit la brillante chienne springer anglais quand son maître fut piégé.

D ES ACCIDENTS ARRIVENT, mais, parfois, un incident peut faire qu'on se sente ridicule, surtout quand on réalise qu'on n'a pas utilisé l'équipement avec intelligence et prudence. Heureusement pour Mike Glenn, sa chienne springer anglais Brandi était sur place pour l'aider après qu'il eut subi un accident courant chez les automobilistes qui réparent leur véhicule à domicile.

Tout débuta quand Mike, de Shawnee, en Ohio, aux États-Unis, travaillait sur son Oldsmobile à la maison. Comme l'huile et un pneu devaient être changés, Mike souleva l'auto à l'aide d'un cric et rampa en dessous. Tout allait bien : Mike avait retiré une roue. C'est alors que le cauchemar de tout mécanicien se produisit : le cric glissa et Mike fut instantanément coincé sous la lourde voiture. Quoique l'auto n'écrasait pas son corps, Mike était si solidement cloué au sol qu'il n'avait aucune chance de se tortiller pour s'en sortir. Cynthia, l'épouse de Mike, était absente et ne serait pas de retour avant plusieurs heures. Entre-temps, le soleil était sur le point de se

coucher et la température, de se refroidir. Il ne pouvait pas compter beaucoup sur l'aide des voisins : Mike et Cynthia vivaient sur une rue tranquille, sombre, où les maisons étaient distantes de 800 m environ. Mike s'inquiétait de ce qu'il pouvait rester coincé longtemps sous sa voiture. Comment pouvait-il se tirer d'affaire ?

LANGAGE DES SIGNES

Cependant, il y avait de l'aide à portée de main. La famille avait plusieurs animaux de compagnie, dont Brandi, leur chienne springer anglais. Déjà consciente de ce que quelque chose n'allait pas, elle était venue auprès de Mike et s'était roulée en boule à ses côtés. Le mécanicien en difficulté eut alors une idée. Comme Cynthia avait un handicap auditif, elle connaissait un peu le langage des signes et avait enseigné quelques rudiments à Brandi. Mike se demandait s'il pouvait utiliser le langage des signes dans sa situation pour persuader la chienne de lui apporter le téléphone. Pendant un temps, elle chercha à saisir ce que Mike lui demandait. Cynthia n'avait pas enseigné à Brandi le signe correspondant au téléphone et le comportement de Mike était pour le moins très étrange. Puis Brandi comprit

soudain ce que son maître lui demandait. Elle fonça vers le porche et saisit le téléphone dans sa gueule. Par chance, l'appareil était muni d'un long cordon et elle put le laisser tomber tout contre Mike. Avec gratitude, Mike appela sa belle-mère au secours (il ne composa pas le 911, parce qu'il pensait que ce qu'il avait fait était stupide). Néanmoins, elle fit appel aux services d'urgence et, bientôt, une équipe de techniciens ambulanciers paramédicaux et de pompiers arriva dans l'obscurité pour le secourir.

Heureusement pour lui, Mike sortit relativement indemne de l'incident. Quant à Brandi, elle avait compris que Mike était en difficulté et avait fait le nécessaire pour l'aider. On ne sait pas ce qui lui a fait comprendre exactement ce que Mike avait à l'esprit. Il est intéressant de signaler que, non seulement elle n'avait jamais apporté le téléphone auparavant, mais on ne parvint jamais à la persuader de recommencer. Brandi l'a fait seulement à cette occasion… alors que Mike avait vraiment besoin de son aide.

JACK FYFE VIVAIT UNE VIE TRANQUILLE, presque recluse, dans sa maison près de Sydney, en Australie. Depuis la mort de son épouse, la seule compagne de l'homme de 75 ans était Trixie, moitié border collie, moitié kelpie. Des jours entiers pouvaient passer sans qu'il voie un autre être humain ou qu'il parle à quelqu'un.

Cet isolement convenait à Jack, qui trouvait Trixie de bonne compagnie, mais il y avait assurément des dangers à dépendre seulement de soi. Un matin d'été de 1999, au

La loyauté de
TRIXIE

réveil, Jack comprit soudain ces dangers. Durant la nuit, il avait subi une attaque et une moitié de son corps était désormais paralysée. Il était incapable de sortir du lit. Jack était au désespoir. Sa fille l'ayant invité à une fête, elle l'y attendrait. Le problème, c'était que la fête avait lieu dans neuf jours et que, d'ici là, personne ne s'inquiéterait. Jack avait déjà soif dès après son réveil. Comment pourrait-il survivre tout ce temps sans eau ?

Un sentiment insidieux de panique commença à l'envahir et il se mit à crier à l'aide. Toutefois, personne dans les environs ne pouvait

Personne n'aurait cru que Jack Fyfe pouvait survivre neuf jours, seul et piégé chez lui, mais c'était sans compter sur l'ingéniosité de Trixie, sa chienne fidèle.

entendre ses appels, sinon Trixie, bien sûr. La chienne était venue auprès de Jack quand elle avait réalisé que quelque chose n'allait pas. Pourquoi son maître ne s'était-il pas levé comme d'habitude ? Pendant un temps, Trixie s'étendit près de Jack, comme pour lui apporter le réconfort de sa seule présence. Pour sa part, le vieil homme s'endormait à l'occasion, puis se réveillait en proie à la peur. La température grimpait et la soif de Jack devenait maintenant insupportable.

BESOIN D'EAU

De désespoir, il s'écria de nouveau : «De l'eau, de l'eau !» Évidemment, Jack savait que c'était en pure perte. Puis alors, à brûle-pourpoint, il se produisit quelque chose d'étrange et de merveilleux. Trixie entra dans la cuisine et saisit une serviette dans sa gueule. Ensuite, elle la porta jusqu'à son bol d'eau, l'y plongea, puis l'apporta à Jack dans la chambre. Avec gratitude, le vieil homme aspira l'eau de la serviette, savourant chaque goutte qui coulait dans sa gorge desséchée. La chienne répéta son manège jusqu'à ce que le bol d'eau soit vide. Ensuite, quand il n'y eut plus d'eau, Trixie fit de même avec l'eau de la cuve de toilette. Ce comportement incroyable dura plus d'une semaine.

À l'occasion, le téléphone sonnait ou du courrier arrivait dans la boîte aux lettres. Toutefois, personne ne vint frapper à la porte. Entre-temps, chaque jour, Trixie prenait la serviette et fournissait un apport d'eau régulier à son maître souffrant. Puis, au bout de neuf jours, comme Jack l'avait souhaité désespérément, sa fille s'inquiéta de ce qu'il n'ait pas assisté à la fête. Enfin, elle vint à la maison. Au vu de la détresse de Jack, elle appela aussitôt l'ambulance qui conduisit son père à l'hôpital.

Une fois rendu, Jack se rétablit lentement mais sûrement de son épreuve. Personne ne doutait de ce que, sans Trixie, Jack n'aurait pu survivre à ces neuf jours. Comment avait-elle su ce qu'était le problème de Jack et ce qu'il fallait faire pour y remédier ? Personne n'avait de réponse. Mais Jack savait que, en Trixie, il avait trouvé l'amie la plus loyale et la plus fidèle que quiconque puisse vouloir.

IL N'EST PAS TOUJOURS REQUIS qu'un animal soit dit «animal de compagnie» pour développer une sorte de lien avec un humain. De simples gestes de gentillesse et de respect manifestés par des gens peuvent suffire pour qu'un animal se sente spécialement lié à eux. Il en était ainsi entre Rachel et June Flynn et une remarquable mouette grise.

Les deux sœurs partageaient une maison près de Cape Cod, en Nouvelle-Angleterre, aux États-Unis, où elles profitaient du merveilleux paysage et de belles vues sur la mer. Elles tiraient aussi beaucoup de plaisir à observer les diverses espèces sauvages qui se partageaient le relief accidenté et elles nourrissaient régulièrement certains animaux et oiseaux. En particulier, elles nourrissaient une mouette grise qui semblait revenir vers elles de façon régulière ; elles en vinrent à la connaître assez bien pour la surnommer Nancy.

Tant Rachel que June aimaient faire des promenades quoique, étant âgées, elles devaient être prudentes. Certains sentiers étaient très instables et surplombaient des parois verticales depuis les falaises jusqu'aux plages à leur pied. Un jour de 1980, Rachel, âgée de 82 ans, était seule quand elle trébucha dans l'un de ces sentiers dangereux. Horrifiée, elle se sentit glisser, impuissante, au-delà du bord de la falaise et faire une chute d'environ 9 m (30 pi) qui se termina brutalement sur la plage plus bas. Pendant un certain temps, elle resta étendue, étourdie, puis commença à évaluer sa situation. Elle était trop souffrante pour bouger et appeler à l'aide n'aurait servi à rien : il n'y avait personne dans les environs et la maison la plus proche était la sienne, à 1,6 km de distance. Cependant, sans aide, elle crut qu'elle pouvait mourir dans ce lieu désolé et exposé.

Le sauvetage remarquable de NANCY

SA SŒUR ALERTÉE

Alors que Rachel commençait à craindre le pire, elle remarqua soudain un oiseau qui volait sur place presque au-dessus d'elle. Levant les yeux, elle nota que c'était une mouette grise et que celle-ci semblait fixer sur elle son regard perçant. Se pouvait-il que ce soit leur mouette, celle que June et elle nourrissaient régulièrement, se demanda Rachel.

Après que Rachel Flynn eut basculé au pied d'une falaise, elle craignit le pire, mais Nancy, la mouette apprivoisée qu'elle avait souvent nourrie, alla chercher de l'aide.

La vieille dame n'était pas sûre, mais, en ce moment même, elle était désespérée et, s'adressant à l'oiseau, elle s'écria : «Nancy, pour l'amour de Dieu, je t'en prie, va chercher du secours!» En entendant ces mots, la mouette s'envola.

Quelques minutes plus tard, June entendit un bruit inhabituel à la fenêtre de la cuisine dans laquelle elle s'affairait. Levant les yeux, elle aperçut une mouette grise battant des ailes et frappant la vitre de son bec. C'était une vision étrange et presque déroutante, et l'oiseau, que June supposait être une Nancy affamée, ne s'envolait pas. Le bruit s'étira durant 15 minutes avant que June ne se demande s'il y avait autre chose que la seule faim qui motivait l'oiseau à agir ainsi. Elle sortit de la maison et vit Nancy voler non loin, mais chaque fois que June s'approchait de la mouette, celle-ci s'envolait un peu plus loin, comme si elle cherchait à ce que June

la suive. Au bout d'un kilomètre et demi environ, la mouette s'arrêta enfin, se perchant au bord d'une falaise. Jetant un coup d'œil dans le vide, June vit aussitôt que Rachel était en bas et en difficulté.

Après avoir crié pour rassurer et calmer sa sœur, June se hâta de retourner à la maison pour appeler les pompiers, qui rescapèrent rapidement Rachel. Heureusement, elle n'avait subi rien de plus grave que de sévères contusions et une entorse au genou. Néanmoins, les deux sœurs savaient que, sans la contribution de Nancy, Rachel aurait pu périr. Comme le déclara June : «Il était tout simplement incroyable que Nancy soit venue faire tout ce tapage dans la fenêtre.»

amitié
durant la Deuxième Guerre mondiale

E N PÉRIODE DE GUERRE, des animaux de compagnie de types différents se sont avérés très utiles pour prévoir quand les sirènes des attaques aériennes allaient se mettre à hurler ou les raids de bombardement ennemis se produire. Durant la Deuxième Guerre mondiale, alors que les bombardements allemands frappaient de nombreuses cités et villes britanniques, on pensait que les chats en particulier étaient très doués pour prévoir l'imminence d'un raid. Par conséquent, ces compagnons animaux furent crédités du sauvetage de beaucoup de vies. À Leipzig, en Allemagne, il y avait un perroquet qui pouvait prédire les raids des Alliés en 1943, jusqu'à deux heures avant le fait. Plus récemment, en Israël, un chien pressentait les alertes d'attaque de missiles avant qu'elles n'eussent lieu durant la guerre du Golfe, en 1991.

L'une des histoires les plus remarquables et touchantes implique un chat errant durant la Deuxième Guerre mondiale. Le tabby marbré gris vivait dans la vieille cité allemande médiévale de Magdebourg. Ce lieu magnifique, au bord de l'Elbe, fut l'une des villes les plus bombardées durant la guerre, y perdant même sa splendide vieille cathédrale.

L'arrivée mystérieuse chez lui du chat errant avec lequel il s'était lié d'amitié fut une surprise pour l'Allemand mal réveillé. Néanmoins, le tabby était venu lui sauver la vie.

Le tabby, dont le nom s'est perdu, vivait seul par lui-même dans la cité, ayant probablement perdu son domicile à la suite des bombardements alliés, comme beaucoup d'autres animaux de compagnie. Il se lia d'amitié avec un Allemand d'âge moyen qui avait pour habitude de le caresser et de le cajoler, dès qu'il le voyait près de son lieu de travail.

UN GRATTEMENT ÉTRANGE

Un matin de 1944, l'homme était chez lui en train de se raser lorsqu'il entendit un chat miauler bruyamment à sa porte. Quand il l'ouvrit, il fut estomaqué de découvrir le chat errant avec qui il s'était lié d'amitié. Il fut surpris parce que le chat vivait à l'autre extrémité de la ville, près du lieu de travail de l'homme, et qu'il ne pouvait croire que le chat sache où il habitait. Sa perplexité grandit devant l'étrange comportement du chat. Normalement d'un naturel calme et placide, cette fois le chat miaulait fort et grattait son pantalon. Quoiqu'il n'en fût pas sûr, il lui sembla que le chat l'incitait à le suivre. Peut-être avait-il des chatons en mal d'un foyer ? Alors, après s'être habillé à la hâte, l'homme quitta sa maison et suivit le chat dans la rue. Tandis qu'ils marchaient, le chat ne cessa de se retourner, comme s'il s'assurait que l'homme était toujours sur ses traces. Près d'un kilomètre plus loin, le chat s'arrêta et l'homme, toujours intrigué, regarda autour de lui. Qu'était-il supposé chercher à cet endroit ? Sur ces entrefaites, ils entendirent le bruit caractéristique de bombardiers Lancaster au-dessus d'eux, amorçant un autre de leurs raids-surprises mortels. Horrifié, l'homme vit les premières bombes larguées par les avions britanniques. Elles rayèrent de la carte une rangée de maisons, dont celle que lui et le mystérieux chat errant venaient tout juste de quitter. Touché par la gentillesse et l'attention de l'homme envers un simple chat errant, l'animal lui avait rendu son amitié en lui sauvant la vie.

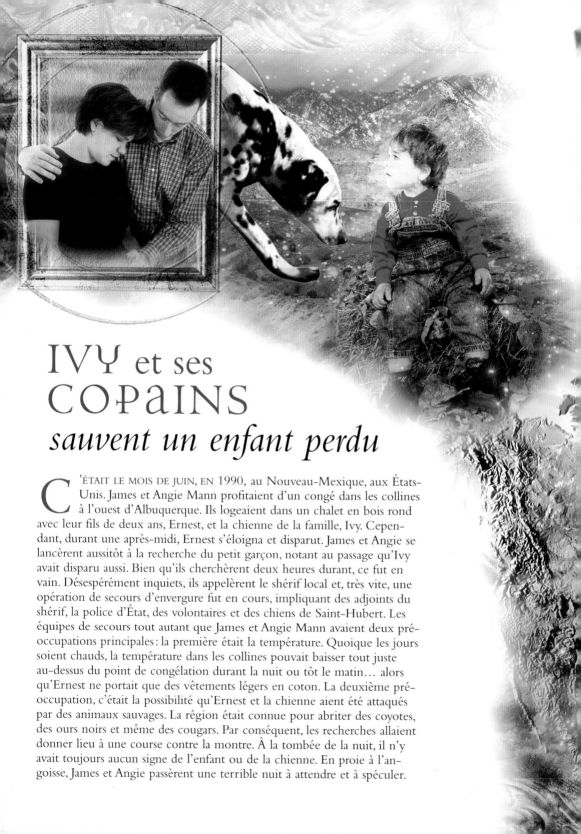

IVY et ses COPAINS
sauvent un enfant perdu

C'ÉTAIT LE MOIS DE JUIN, EN 1990, au Nouveau-Mexique, aux États-Unis. James et Angie Mann profitaient d'un congé dans les collines à l'ouest d'Albuquerque. Ils logeaient dans un chalet en bois rond avec leur fils de deux ans, Ernest, et la chienne de la famille, Ivy. Cependant, durant une après-midi, Ernest s'éloigna et disparut. James et Angie se lancèrent aussitôt à la recherche du petit garçon, notant au passage qu'Ivy avait disparu aussi. Bien qu'ils cherchèrent deux heures durant, ce fut en vain. Désespérément inquiets, ils appelèrent le shérif local et, très vite, une opération de secours d'envergure fut en cours, impliquant des adjoints du shérif, la police d'État, des volontaires et des chiens de Saint-Hubert. Les équipes de secours tout autant que James et Angie Mann avaient deux pré-occupations principales : la première était la température. Quoique les jours soient chauds, la température dans les collines pouvait baisser tout juste au-dessus du point de congélation durant la nuit ou tôt le matin… alors qu'Ernest ne portait que des vêtements légers en coton. La deuxième pré-occupation, c'était la possibilité qu'Ernest et la chienne aient été attaqués par des animaux sauvages. La région était connue pour abriter des coyotes, des ours noirs et même des cougars. Par conséquent, les recherches allaient donner lieu à une course contre la montre. À la tombée de la nuit, il n'y avait toujours aucun signe de l'enfant ou de la chienne. En proie à l'angoisse, James et Angie passèrent une terrible nuit à attendre et à spéculer.

À l'aube, une opération de secours encore plus vaste était en cours, impliquant un hélicoptère de l'armée et des volontaires à cheval. Toutefois, à mesure que les minutes s'égrenaient, les équipes de secours savaient que les chances de retrouver Ernest vivant s'amenuisaient vite. Néanmoins, il y avait encore un espoir.

GARDER AU CHAUD

Plus tard, ce matin-là, alors qu'il n'y avait toujours aucun signe d'Ernest, un membre de l'équipe de secours fouillait une clairière quand un chien noir sortit de la forêt. Il marcha calmement jusqu'au sauveteur, saisit délicatement le bras de l'homme entre ses mâchoires et tenta de l'entraîner lentement dans une direction. Le volontaire, qui s'y connaissait en comportement animal, ne céda pas à la panique et comprit que le chien tentait de lui faire savoir quelque chose. Ensemble, l'homme et le chien franchirent une courte distance, jusqu'à ce que le sauveteur arrive devant une scène particulière. Là, devant lui, le petit garçon était couché, blotti contre un chien blanc tacheté de noir – Ivy – et un autre chien, inconnu celui-là. Le chien noir s'assit alors à côté de l'enfant, l'isolant plus encore contre le froid matinal. À ce moment, le garçonnet s'éveilla. Visiblement fatigué et confus, Ernest était fou de joie de voir qu'il était sain et sauf. Aux sauveteurs, aussi fous de joie que lui, l'enfant dit : « Toutous ! Chaud ! »

En effet, les chiens avaient été une source de chaleur ; il semble que le trio, organisé par Ivy, avait gardé le petit Ernest au chaud dans le froid potentiellement mortel de la nuit. Tandis qu'on transportait Ernest en sécurité, les deux chiens errants inconnus s'éclipsèrent discrètement, leur travail accompli. Devant le danger, Ivy avait su ce qu'il fallait faire. Avec un peu d'aide de ses amis, elle s'était assurée qu'Ernest traverse la nuit sain et sauf.

Ses parents craignirent le pire quand le petit Ernest fut porté disparu. Toutefois, Ivy et ses copains s'assurèrent à tour de rôle de garder l'enfant de deux ans au chaud durant la nuit froide.

*Quand Nigel Etherington
décida de secourir le wallaby
blessé qu'il avait trouvé au bord
de la route, il ne se doutait pas
que l'animal le remercierait en
lui sauvant la vie.*

IL EXISTE UN VIEIL ADAGE selon lequel une bonne action en attire une autre. L'expression s'applique habituellement au rapport entre deux personnes. Toutefois, elle peut s'appliquer tout aussi bien aux humains et aux animaux.

Nigel Etherington était un fermier vivant à l'extérieur de la ville de Perth, en Australie-Occidentale. Outre qu'il gagnait sa vie en élevant du bétail, Nigel était aussi une sorte d'ami des animaux ; en fait, il avait le cœur très tendre avec les animaux à fourrure. Par conséquent, ce ne fut une surprise pour personne que, par une nuit de décembre, en 1996, Nigel soit le bon Samaritain d'un animal dans le besoin. Il avait arrêté son camion non loin de sa maison après avoir aperçu quelque chose se débattre au bord de la route. En sortant de son véhicule, Nigel réalisa que la créature en difficulté était un wallaby. Les wallabys appartiennent à la famille des kangourous, mais ils sont généralement de plus petite taille que les autres variétés de ces marsupiaux. Visiblement, celui-ci avait été frappé par un véhicule, dont le chauffeur ne s'était probablement même pas donné la peine d'arrêter, comme c'est souvent le cas pour les wallabys et les kangourous sur les routes d'Australie. Même si les fermiers australiens estiment les wallabys nuisibles, Nigel décida de l'amener chez lui. Laissé à lui-même dans la brousse, le wallaby serait tué ou succomberait au choc et à la soif. Ainsi, le fermier déposa délicatement l'animal blessé – qui était trop faible pour protester – dans son camion et le conduisit jusqu'à la ferme.

smokey
sauve son sauveur

ÉCHAPPÉ DE JUSTESSE

Une fois sur place, Nigel fit ce qu'il pouvait pour soigner les blessures du wallaby, puis il lui donna un peu d'eau et de nourriture. Il savait aussi que la meilleure chance de rétablissement du wallaby était de lui accorder un repos adéquat. Cela l'aiderait à surmonter le choc de l'accident. Ainsi, ce soir-là, Nigel aménagea un coin confortable dans sa salle de bain pour le wallaby blessé. Seul l'avenir dirait si le wallaby pouvait traverser la nuit. Entre-temps, Nigel lui-même alla se coucher.

Toutefois, Nigel dormit peu. Aux petites heures du matin, il fut réveillé par un furieux tambourinement à sa porte. Pendant quelques instants, Nigel tenta d'ignorer le vacarme, mais le tambourinement continua ; il sortit donc du lit et ouvrit la porte. Ce qu'il vit le sidéra. Devant lui, se tenait le petit wallaby, qui avait frappé à sa porte de toutes ses forces. Derrière lui, Nigel pouvait voir des tourbillons de fumée dans le reste de la maison. Un défaut d'origine électrique avait déclenché un feu dans la chambre d'amis et l'incendie menaçait de consumer la maison entière. Nigel eut tout juste le temps d'échapper aux flammes, avec le wallaby sautant à toute vitesse derrière lui. Une fois dehors, Nigel réalisa que l'animal avait été réveillé par la fumée et qu'il avait découvert l'incendie. Bien que le wallaby eût pu s'échapper sur-le-champ, il avait décidé d'abord de réveiller Nigel, l'homme qui l'avait secouru au bord de la route. Le fermier n'avait aucun doute sur le résultat de l'action du wallaby – désormais surnommé Smokey. « Si le wallaby ne m'avait pas réveillé, je serais mort », déclara-t-il simplement. Smokey avait remboursé la bonne action du fermier.

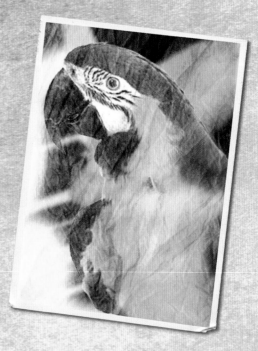

au-delà de la mort

L A MORT EST LE SIGNE DE PONCTUATION ultime de la vie. Toutefois, beaucoup d'humains croient qu'elle ne marque pas la fin, mais tout simplement un autre début. C'est aussi le cas des animaux de compagnie. L'amour et l'amitié que nous partageons avec nos animaux familiers ne peuvent pas être simplement éliminés par la mort. Au-delà de cette grande séparation, les animaux peuvent encore communiquer avec ceux qu'ils aiment. Ils livrent parfois un message de réconfort, à d'autres moments, un avertissement opportun. En fait, ils peuvent parfois revenir pour nous sauver. Pour un animal affectueux, la mort n'est vraiment pas un obstacle.

LES ANIMAUX DE COMPAGNIE semblent savoir quand quelqu'un qu'ils aiment est décédé, même s'ils en sont éloignés. D'une manière singulière, ils peuvent le percevoir. Par exemple, il y a la remarquable histoire d'un matou qui appartenait à Frank Pulfer, un jeune Suisse. Cuisinier sur un navire, Frank s'absentait durant de longues périodes, mais le chat avait toujours su quand il rentrait pour un congé. Un jour, le chat commença à gémir sans arrêt et demanda d'entrer dans la chambre de Frank, ce qu'il

Holly avait développé un attachement spécial envers M. Smith. Quand le vieil homme mourut, son esprit vint faire ses adieux au labrador avec lequel il s'était lié d'amitié.

Les dernières salutations de HOLLY

n'avait jamais fait auparavant. Deux jours plus tard, on informa la famille que, malheureusement, Frank était mort durant un voyage près de la Thaïlande, à plus de 11 000 km de distance. Le chat avait affiché son étrange comportement à l'heure exacte où son maître était décédé.

Parfois, il n'est pas nécessaire qu'un animal appartienne à quelqu'un pour qu'il

sache ce qui est arrivé. Ce fut le cas d'un golden labrador nommé Holly. Comme tant de chiens de sa race, Holly était une bête vive, intelligente. Elle appartenait à la famille Johnson qui vivait à Birmingham, en Angleterre. M. Smith, un homme âgé, habitait près des Johnson. Il avait dans les quatre-vingts ans et vivait dans le quartier depuis nombre d'années. Il aimait jouer avec Holly et il lui apportait parfois des biscuits pour chien comme gâterie. Un jour, il confia à la famille qu'il avait déjà eu un chien très semblable à Holly et que jouer avec elle éveillait des souvenirs de sa jeunesse.

UNE AMITIÉ SPÉCIALE
Son amitié était payée de retour : Holly était heureuse quand le vieil homme venait la visiter ou qu'il la croisait dans la rue. En fait, les Johnson réalisèrent bientôt qu'ils pouvaient prédire l'arrivée de M. Smith parce que, quelques minutes avant son arrivée, Holly se tenait devant la porte d'entrée, agitant furieusement la queue et aboyant d'excitation. Elle ne se conduisait jamais ainsi avec personne d'autre.

La relation spéciale entre Holly et le vieil homme continua durant quelque temps. Puis, aux premières heures d'un matin de 1995, Carolyn et Steven Johnson furent réveillés par les aboiements excités d'un chien. C'était Holly. Descendant l'escalier à toute vitesse, ils virent Holly devant la porte d'entrée, agitant la queue et aboyant, tout comme elle le faisait quand M. Smith était sur le point d'arriver. Encore à moitié endormis, les Johnson se demandèrent si, à cette heure tardive, le vieillard était dehors et en difficulté. Cependant, quand ils ouvrirent la porte, la rue était vide.

Ce fut plus tard, ce matin-là, que Carolyn et Steven apprirent la mauvaise nouvelle. Apparemment, M. Smith avait été malade dans la nuit et transporté à l'hôpital, où son état s'était détérioré. Il était finalement décédé à 3 heures, cette même nuit. Les Johnson saisirent aussitôt l'importance de l'heure. C'est alors que Holly avait commencé à aboyer et agiter la queue. M. Smith était venu saluer la chienne, son amie, une dernière fois avant de partir.

IL Y A UN CERTAIN NOMBRE D'HISTOIRES d'animaux de compagnie qui sont revenus de l'au-delà pour aider leurs maîtres. Mais l'inverse peut aussi se produire. L'histoire d'Olga Dakin et de Sam, son animal bien-aimé, en est un exemple.

Quand une maladie grave força Olga à séjourner à l'hôpital, une des choses qui lui manqua le plus fut la compagnie de Sam, son West Highland terrier blanc. Olga, une médium de Manchester, était dévouée à l'animal et garda une photo du chien près de son lit. Heureusement, elle put confier son amour pour le terrier à l'une des infirmières qui partageait sa passion pour cette race adorable et qui, elle aussi, en avait un. Les semaines passèrent et Olga s'affaiblit de plus en plus, jusqu'à ce qu'elle s'éteigne tristement un jour de 1990. Parmi les nombreuses choses qu'il fallait régler, il y avait le sort de Sam. Gary, le fils bouleversé d'Olga, aimait beaucoup le chien de sa mère, mais il travaillait toute la journée et savait qu'il ne serait pas bon que le chien soit laissé à lui-même pendant si longtemps. Par conséquent, Sam alla vivre avec Helen Rooke, une connaissance de Gary qui adorait les West Highland terriers et qui saurait donner au petit chien un bon foyer. Sam fut installé sans tarder dans la maison d'Helen à Manchester et il commença de nouveau à

L'ange gardien de sam

Quand Sam, le West Highland terrier (ou westie), se perdit en ville, personne ne savait qu'il avait son propre ange gardien pour veiller sur lui.

reprendre goût à la vie. Toutefois, un jour, une grille resta ouverte et le terrier, curieux, réussit à s'échapper dans les rues achalandées. Craignant que Sam ne soit pas capable d'affronter la circulation routière près de chez elle, Helen téléphona à Gary. Ensemble, ils cherchèrent dans les rues voisines, mais en vain. À la tombée de la nuit, Sam manquait toujours à l'appel. Helen et Gary appréhendèrent le pire.

Cette nuit-là, une femme rentrait chez elle en voiture par les rues achalandées quand, à brûle-pourpoint, quelque chose lui dit qu'elle devrait arrêter l'auto. Malgré la pluie, la noirceur et sa hâte de rentrer à la maison, la femme rangea la voiture au bord de la rue et sortit.

GUIDANCE SPIRITUELLE

Que cherchait-elle ? Quelle étrange impulsion l'avait amenée à cet endroit désolé ? La réponse vint rapidement. Il y avait là, couché sous des arbustes, un petit chien blanc. L'animal, un West Highland terrier, avait visiblement été blessé par une voiture ; il était couché au bord de la route, tremblant et souffrant d'un choc. La jeune femme prit le chien et vit sur la médaille de son collier qu'il s'appelait Sam. Elle amena l'animal blessé chez elle pour le mettre au chaud et au sec, où il se rétablit rapidement. Sam trouva même un ami dans la maison, la femme possédant aussi un terrier tout comme lui. Plus tard en soirée, quand elle fut certaine que Sam allait bien, elle composa le numéro de téléphone du collier et eut Helen au bout du fil. Elle expliqua brièvement ce qui s'était produit et Helen, soulagée, se hâta de récupérer Sam. Alors que les deux femmes conversaient, celle qui avait sauvé Sam expliqua à Helen comment elle s'était arrêtée et avait trouvé Sam, mais elle ne pouvait toujours pas expliquer ce qui l'avait motivée à le faire. Helen blagua en disant que, peut-être, elle avait été guidée d'une certaine manière par Olga, feu la maîtresse de Sam, qui était médium. En entendant ce nom, la jeune femme fut interloquée. Elle expliqua qu'elle était infirmière et qu'elle avait souvent bavardé avec une patiente nommée Olga qui avait l'habitude de parler de son compagnon, un West Highland terrier. Peut-être que, en effet, Olga avait été l'ange gardien de Sam.

SAM ÉTAIT FOU DES CHEVAUX. Avant même de faire ses premiers pas, le garçonnet avait été fasciné par les animaux qui vivaient sur la ferme familiale, au Kansas, aux États-Unis. En grandissant, il apprit à monter et fut bientôt capable de maîtriser la plupart des chevaux. Cependant, il avait un préféré, un cheval brun foncé appelé Flash. Celui-ci avait mérité son nom à cause d'une strie blanche qui descendait sur le devant de sa face. Ce n'était pas un gros animal, mais il avait beaucoup de caractère et de détermination. Par-dessus tout, il semblait aimer Sam tout autant que le garçon l'aimait. Il avait l'habitude de chevaucher

FLASH,
le cheval qui dit au revoir

sur la ferme et les terres environnantes, toujours heureux en compagnie l'un de l'autre, toujours confiants qu'ils prendraient soin l'un de l'autre. Toutefois, Flash n'était pas jeune et même Sam savait qu'il devait se faire à l'idée qu'un jour triste viendrait où il devrait dire adieu à son vieil ami. C'était un moment qu'il redoutait.

Une nuit d'hiver de 1920, alors qu'une neige épaisse couvrait le sol, Sam dormait profondément dans son lit quand quelque chose le tira de son sommeil. Écoutant attentivement dans le noir, il put entendre un cognement fort et insistant à la porte. Cela dura quelque temps et, par conséquent, le jeune garçon descendit l'escalier pour vérifier. Il n'était pas seul.

UNE COUVERTURE DE NEIGE

Son père et le reste de la famille avaient été éveillés par les cognements et ils étaient aussi en bas, dans le hall d'entrée. Sam et son père ouvrirent prudemment la porte et jetèrent un coup d'oeil à l'extérieur pour voir ce qui, causait un tel bruit. Mais tout ce qu'ils purent voir dans le noir, c'était l'épaisse couverture de neige sur le sol. Il y avait à peine un souffle de vent et un doux silence spécial, dont on ne fait l'expérience qu'après une abondante chute de neige, régnait tout autour. Sam et son père baissèrent les yeux

Flash, le cheval, ne pouvait quitter ce monde sans d'abord dire adieu au jeune garçon qui avait été son meilleur ami.

vers la neige épaisse, s'attendant à y voir des traces de pas, mais il n'y avait rien. À mesure que leurs yeux s'ajustaient à l'obscurité, ils purent voir que nulle part la neige, tombée quelques heures auparavant, n'avait été dérangée. Il semblait que rien ni personne n'était venu à leur porte cette nuit-là, malgré le cognement qu'ils avaient entendu. Intriguée, mais incapable de résoudre le mystère, la famille retourna au lit pour trouver le sommeil pour ce qu'il restait de la nuit. Sam fut le seul à rester éveillé, se demandant ce qui avait fait ce bruit.

Le lendemain matin, la famille vaquait à ses occupations habituelles quand le père de Sam fit une triste découverte. Flash était étendu, mort, dans sa stalle. Sam fut rapidement appelé à l'écurie sur la scène et le vétérinaire local déter-

mina bientôt que le vieux cheval était mort calmement et sans souffrir, durant la nuit.

Tout à coup, Sam et le reste de la famille comprirent ce qu'ils avaient entendu la nuit précédente. Le fidèle cheval savait qu'il était mourant. Cependant, la mort n'allait pas l'empêcher d'adresser un dernier au revoir à son ami et maître, le garçon qui avait été son compagnon indéfectible durant de si nombreuses années. Dans son profond chagrin, Sam trouva du réconfort à la pensée que l'esprit de Flash était venu lui faire ses adieux.

P OUR UN ANIMAL DE COMPAGNIE LOYAL ET FIDÈLE, aider son maître ou sa maîtresse est un instinct naturel auquel, parfois, même la mort ne peut faire obstacle. Par exemple, en 1946, Norma Kersgal, de la ville de New York, prit sous son aile Corky, un chien blessé, qui ne pouvait aboyer correctement. L'animal reconnaissant passa plusieurs heureuses années dans la famille de Norma. Une nuit, deux ans après la mort de Corky, Norma fut éveillée par un son curieux, mais familier : l'aboiement distinctif de Corky. Elle s'aperçut aussi que l'appartement était en flammes et elle put s'enfuir grâce à l'avertissement de Corky.

Une histoire encore plus frappante concerne Ruth Whittlesey et son chien Nigel. En 1940, Ruth, l'épouse d'un ministre du culte, travaillait comme chef de service dans un hôpital à Hawthorne, en Californie. C'était un emploi gratifiant, mais aussi exigeant physiquement et émotionnellement, et cela signifiait que, souvent, elle finissait tard. Une nuit, Ruth reçut un appel à la maison réclamant sa présence à l'hôpital. Un patient était mourant et on lui demandait de l'assister et le réconforter dans ses derniers instants. Cela faisait partie de sa tâche et, donc, Ruth ne perdit pas de temps et se hâta vers l'hôpital. Elle habitait assez près pour s'y rendre à pied, même si ce n'était pas le trajet le plus rassurant : il y avait peu de lumière et sa route empruntait des passages sombres. Cette nuit-là, toutefois, Ruth avait autre chose en tête que sa propre sécurité.

Nigel, le chien de garde d'une loyauté à toute épreuve, était si déterminé à protéger Ruth, sa maîtresse, qu'il revint de l'au-delà pour la sauver quand, par une nuit sombre, on la menaça.

NIGEL,
le sauveteur de retour d'entre les morts

UNE RETRAITE PRÉCIPITÉE

Tandis que Ruth parcourait à grands pas un secteur non éclairé, une auto de couleur sombre s'arrêtant tout près l'inquiéta. Elle n'arrivait pas à y voir clairement, mais pouvait distinguer deux hommes trapus dans l'auto. Nerveuse et ne voulant prendre aucune chance, elle se mit à courir, mais l'auto la suivit, la rattrapant facilement. Ruth avait maintenant très peur, craignant pour sa vie. Seule, elle ne serait pas de taille devant deux gros hommes.

Tout juste à ce moment, un personnage rassurant arriva à toute vitesse. C'était Nigel, le labrador chocolat de Ruth, un animal puissant et imposant. Nigel se plaça aussitôt entre sa maîtresse et l'auto. Les deux hommes, qui avaient bien montré qu'ils s'apprêtaient à sortir de leur véhicule, jetèrent un regard rapide à la bête massive et préférèrent aussitôt battre en retraite. Tandis que l'auto démarrait en trombe, Nigel trotta près de Ruth jusqu'à ce qu'ils aient atteint une zone sécuritaire plus près de l'hôpital, puis il disparut lui aussi. Ce fut seulement quelques instants plus tard, après avoir retrouvé son calme, que Ruth réalisa combien il était étrange que son chien soit apparu pointé comme ça. Après tout, comme elle et son mari le savaient bien, Nigel était mort quelques mois auparavant.

POUR CERTAINS ANIMAUX DE COMPAGNIE, il est difficile de lâcher prise. Même si la mort les a séparés de la famille qu'ils aimaient, ils continuent de se conduire comme auparavant, espérant peut-être retrouver leur propriétaire. Au Japon, un chien célèbre, appelé Hachi, avait l'habitude de marcher avec son maître jusqu'à une gare de chemin de fer à Tokyo quand il partait travailler. À 17 h, Hachi attendait à la même gare pour accueillir son maître. Un jour, le maître ne se présenta pas à 17 h, parce qu'il était mort au travail. Toutefois, cela ne dissuada pas le chien. Chaque jour ouvrable, il continua de se présenter à la gare à 17 h. Hachi agit ainsi jusqu'à sa propre mort, quelque dix ans plus tard. Un autre animal, qui trouva difficile de lâcher prise, était un terrier écossais nommé Jock. Dans les années 60, Jock vivait avec Paul et Jennifer Smith dans leur maison en Nouvelle-Angleterre, aux États-Unis. C'était un ménage affairé : le couple travaillait sur des projets de

L'alerte de JOCK

restauration et, en outre, avait deux filles charmantes et pleines d'entrain, Amy et Francesca, dont il prenait soin. Jock, aussi, occupait une grande place dans la famille. Il se voyait comme leur gardien et était un chien de garde très alerte et efficace. Ce que le petit terrier ne possédait pas en taille, il le compensait amplement en caractère et en détermination. Si quelque chose d'inhabituel se produisait, ou qu'un étranger arrivait, Jock le savait aussitôt et prévenait les gens par ses petits jappements vifs. C'était un rôle que le chien a joué pendant de nombreuses années.

ÉVEILLÉS PAR DES JAPPEMENTS

Une nuit, Paul et Jennifer étaient particulièrement fatigués. Ils avaient travaillé ensemble sur un gros projet qui exigeait de longues heures de labeur exténuant. Francesca souffrait aussi d'un mauvais rhume. Par conséquent, aucun d'entre eux n'avait joui d'une bonne nuit de sommeil depuis des jours. Ce soir-là, par contre, ils sombrèrent avec plaisir dans un long et profond sommeil bien mérité.

Toutefois, aux premières heures du matin, Jennifer fut éveillée par les jappements de Jock dans leur chambre. Peu de temps après, Paul s'éveilla aussi et, dans l'obscurité, ils pouvaient distinguer la silhouette sombre et inimitable du chien jappant au pied du lit. Cependant, avant que Paul ou Jennifer ne puisse dire quoique ce soit à Jock, ils perçurent quelque chose d'autre : l'odeur de la fumée. Ils sautèrent tous les deux hors du lit et s'élancèrent sur le palier où ils virent des flammes au sein des tourbillons de fumée. Frénétiquement, les Smith se ruèrent vers les chambres des filles, les attrapèrent et dévalèrent l'escalier, en sécurité. Même si des voisins avaient appelé les pompiers, il était trop tard pour sauver la maison. Mais l'important, c'était que toute la famille était sauve. Quant à Jock, il ne périt pas dans l'incendie lui non plus, pour la simple raison qu'il était déjà mort de vieillesse quelques mois plus tôt. Vivant, Jock avait vu à la sécurité de la famille. Maintenant, Paul et Jennifer savaient que, même mort, il le faisait toujours.

UNE NUIT, EN JUILLET 1962, Mina et William Miles revenaient chez eux après une soirée à Yarmouth, dans le Maine, aux États-Unis, quand ils aperçurent un animal étendu, inanimé, au milieu de la route près de leur maison. Mina eut un mauvais pressentiment au moment de la découverte parce que la couleur de l'animal lui sembla très familière. En effet, quand William sortit de l'auto et vit l'animal, il réalisa que c'était leur chatte Streaky qui, visiblement, avait été heurtée et tuée par une voiture ce soir-là.

La mort de Streaky fut un coup particulièrement dur pour Mina et William. Streaky avait récemment donné naissance à une portée de quatre chatons qui étaient désormais orphelins. En outre, ils étaient toujours bouleversés de ce que la propre mère de Streaky, une chatte rousse appelée Hoppy, avait disparu plus d'un mois auparavant et n'avait pas été revue depuis. La mère et la fille avaient-elles subi le même sort?

D'une manière perspicace, Hoppy la chatte savait que sa fille avait été tuée et que les chatons avaient besoin d'une aide qu'elle seule pouvait leur donner.

Les pouvoirs surnaturels de
GRAND-MÈRE CHATTE

Tôt le matin suivant, William descendit dans la cave où les chatons de Streaky vivaient en se demandant ce que la famille ferait avec eux. Devrait-on les donner, ou pire encore ? Tout à coup, dans la fenêtre de la cave, il aperçut une vision familière. C'était la mère de Streaky, Hoppy qui, en dépit des craintes du couple, était vivante et en santé. La chatte essayait d'entrer dans le sous-sol et William lui ouvrit vite la fenêtre. Aussitôt, elle se dirigea tout droit vers les chatons affamés, ses petits-chatons. William vit que Hoppy avait eu récemment des chatons, elle aussi, ce qui signifiait qu'elle pouvait nourrir aussi cette nouvelle portée. Cela semblait la solution idéale : Hoppy pourrait s'occuper de la portée de Streaky aussi bien que de la sienne.

UNE POURSUITE ESSOUFFLANTE

Pourtant, à peine Mina et William appréciaient-ils leur chance, que Hoppy disparut de nouveau. Où allait-elle ? William décida de la suivre. Après une poursuite essoufflante à travers bois et broussailles, William retrouva finalement Hoppy. Elle était entrée dans une remise près d'une maison à environ 1,5 km de la sienne. La maison appartenait à la famille Nixon qui avait une histoire à raconter à propos du chat que William appelait Hoppy. La chatte était arrivée chez eux en mai et, un mois plus tard, elle avait mis bas une portée de cinq chatons. Ils étaient dans la remise.

Mère dévouée, Hoppy n'avait pratiquement pas quitté ses chatons une seconde. Cela, jusqu'à la nuit précédente. Hoppy s'était comportée étrangement, miaulant et pleurant comme si elle voulait sortir. Tôt le matin suivant, les Nixon avaient finalement cédé aux plaintes de Hoppy et ouvert la porte. Ignorant les cris de ses propres chatons, elle avait filé à toute vitesse. Elle était maintenant revenue avec William Miles à ses trousses.

Les deux familles comprenaient maintenant mieux la curieuse histoire. Ce soir-là, Hoppy avait commencé à se comporter de façon étrange chez les Nixon vers 21 heures, l'heure à laquelle, selon les calculs des Miles, Streaky avait été frappée et tuée. Il semble que Hoppy avait perçu que sa fille était morte et que ses chatons seraient démunis, à moins qu'elle ne vienne à leur aide. Comment avait-elle pu savoir que sa fille était morte à un plus de 1,5 km de distance ? Personne ne put le deviner. Néanmoins, grâce à sa présence, Hoppy avait donné aux chatons de sa fille la chance d'avoir une vie heureuse.

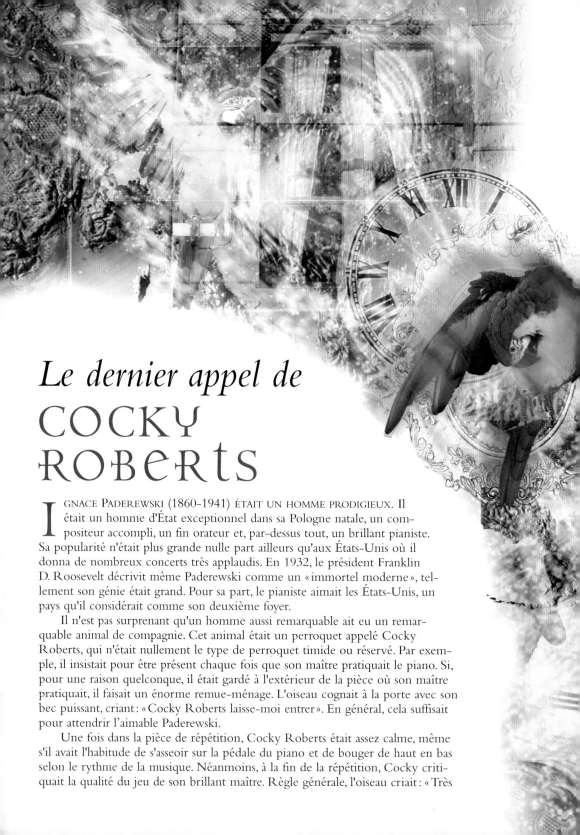

Le dernier appel de
COCKY
ROBERTS

IGNACE PADEREWSKI (1860-1941) ÉTAIT UN HOMME PRODIGIEUX. Il était un homme d'État exceptionnel dans sa Pologne natale, un compositeur accompli, un fin orateur et, par-dessus tout, un brillant pianiste. Sa popularité n'était plus grande nulle part ailleurs qu'aux États-Unis où il donna de nombreux concerts très applaudis. En 1932, le président Franklin D. Roosevelt décrivit même Paderewski comme un «immortel moderne», tellement son génie était grand. Pour sa part, le pianiste aimait les États-Unis, un pays qu'il considérait comme son deuxième foyer.

Il n'est pas surprenant qu'un homme aussi remarquable ait eu un remarquable animal de compagnie. Cet animal était un perroquet appelé Cocky Roberts, qui n'était nullement le type de perroquet timide ou réservé. Par exemple, il insistait pour être présent chaque fois que son maître pratiquait le piano. Si, pour une raison quelconque, il était gardé à l'extérieur de la pièce où son maître pratiquait, il faisait un énorme remue-ménage. L'oiseau cognait à la porte avec son bec puissant, criant : «Cocky Roberts laisse-moi entrer». En général, cela suffisait pour attendrir l'aimable Paderewski.

Une fois dans la pièce de répétition, Cocky Roberts était assez calme, même s'il avait l'habitude de s'asseoir sur la pédale du piano et de bouger de haut en bas selon le rythme de la musique. Néanmoins, à la fin de la répétition, Cocky critiquait la qualité du jeu de son brillant maître. Règle générale, l'oiseau criait : «Très

Le remarquable lien entre le perroquet Cocky Roberts et son maître continua même après la mort de l'oiseau, alors qu'il apparut mystérieusement dans les rêves du pianiste virtuose.

beau », ou toute autre expression d'appréciation. Toutefois, de temps à autre, il déclarait que le musicien avait été « mauvais, mauvais ». À son grand honneur, Paderewski admettait que le perroquet était habituellement plutôt juste dans ses commentaires !

UN LIEN ÉTROIT

Un lien étroit se développa entre le grand homme et son remarquable oiseau, ce qui compliquait les choses pour tous les deux quand le pianiste devait laisser le perroquet à la maison durant les tournées de concerts.

Lors d'une tournée aux États-Unis, Paderewski laissa Cocky Roberts à sa villa, en Suisse. Une nuit, alors que le pianiste était à New York, il fit un rêve frappant qui impliquait son animal de compagnie. Il rêva que le perroquet l'appelait de sa voix rude et familière. Quand il s'éveilla, il ressentit un profond sentiment de vide. D'une façon évidente, il sut à ce moment-là que Cocky Roberts était mort. Dix jours plus tard, on lui annonça qu'un malheureux accident était survenu à sa maison en Suisse. Par inadvertance, le perroquet avait été laissé dehors toute la nuit dans la température glaciale du pays alpin. Le lendemain matin, Cocky Roberts avait été trouvé mort à l'extérieur de la villa, le corps aussi raide qu'une planche. Paderewski ne fut pas supris d'apprendre que le perroquet était mort la nuit même où il avait rêvé de lui à New York. L'oiseau avait manifestement dit son dernier adieu au grand homme. Comme Paderewski le fit remarquer plus tard : « Cet oiseau avait une âme. »

L'esprit d'un homme
revient chercher son chien

J OE BENSON ÉTAIT UN LEADER SPIRITUEL des Indiens Goshute dont, traditionnellement, le peuple avait vécu dans et autour du désert du Grand Lac Salé. Dans les années 50, Joe rencontra un chiot errant et maigre et décida de l'adopter. Il vit que, sous les apparences du petit chiot d'allure faible, se cachait une force vitale forte et il soigna le petit animal qui retrouva lentement la santé. En peu de temps, le chien que Joe appela Sky, devint un berger allemand adulte sain et puissant. Ils se déplaçaient toujours ensemble et, alors que Joe veillissait et que sa vue baissait, Sky faisait attention à son maître, s'assurant qu'il ne tombe pas. Comme si le chien rendait au vieil homme la gentillesse qu'il lui avait témoignée durant toutes ces années. Joe sut bientôt que son heure était proche et il annonça à Mabel, son épouse, qu'il était sur le point de mourir. La famille se rassembla autour de lui et insista pour qu'il entre à l'hôpital. Cependant, médecins et infirmières réalisèrent que, le mieux à faire, c'était de lui donner sagement son congé afin qu'il puisse être chez lui, sur ses propres terres, quand viendrait la fin.

RÉUNIS

Finalement, Joe mourut au début de 1963. Sa famille et ses amis organisèrent de belles funérailles convenant à un membre aussi respecté de leur communauté. Puis, une fois le deuil officiel terminé et quand on fut certain que l'esprit de Joe avait quitté ce monde, les invités repartirent. Mabel et Sky furent laissés à eux-mêmes pour faire leur deuil.

Quelques jours plus tard, Mabel était à la fenêtre de sa cuisine quand elle vit, au loin, quelqu'un qui venait vers la maison. Elle alla préparer du café pour le visiteur et, quand elle regarda de nouveau, elle put voir de qui il s'agissait. C'était Joe, son mari, et il était dans l'embrasure de la porte. Mabel, qui connaissait bien les manières de son peuple, expliqua patiemment à Joe qu'il était mort désormais et qu'il n'avait plus sa place parmi les vivants. Le défunt était d'accord et dit qu'il était revenu brièvement pour une seule raison. « Je suis venu pour mon chien », expliqua-t-il simplement. À ce moment-là, Sky était dans la pièce, agitant la queue de joie à la réapparition de son maître. Joe demanda ensuite à Mabel la laisse de Sky, qu'elle lui tendit avec précaution. Le vieil homme enfila alors la laisse au chien plein d'attente et tous deux sortirent de la maison, descendirent le sentier et disparurent derrière une colline. Mabel courut après eux, mais ils avaient disparu. Arvilla, la fille de Joe et Mabel, qui vivait dans la maison voisine, fut aussi témoin de l'incident. Elle aussi monta jusqu'au sommet de la colline, mais son père et Sky avaient disparu sans laisser de traces. On ne revit plus jamais ni l'homme, ni le chien, ni la laisse. Joe et Sky, son chien adoré, étaient réunis à tout jamais.

COOKIE MONSTER ÉTAIT UN GOLDEN RETRIEVER important dans la vie de Lori Krug. Lori, fonctionnaire à Edmonton, en Alberta, comprenait que son ami canin était un véritable être libre d'esprit profitant de la vie au maximum. Turbulent, plein de vie et toujours enthousiaste, c'était un bonheur que de l'avoir à la maison. Quand Lori adopta deux autres chiens, Echo et Zoey, Cookie prit soin d'eux, les guida et s'assura qu'ils s'inséraient bien dans la vie familiale. Cookie n'avait même pas peur d'aller chez le vétérinaire; en fait, il semblait même aimer ça. C'était aussi bien, parce que sa nature pleine d'entrain et curieuse lui causait parfois des problèmes, entre autres, avec les abeilles. La plupart du temps, cependant, Cookie jouissait d'une bonne santé, jusqu'à ce que l'âge prélève son tribut.

Le jour de Noël 1998, Lori sut que quelque chose allait vraiment mal. Le chien n'avait pas déchiré ses cadeaux comme d'habitude et il avait à peine touché son repas spécial. Une visite chez le vétérinaire confirma le pire : Cookie avait développé un cancer de la rate, ce qui avait entraîné une hémorragie interne. Malheureusement, rien ne pouvait

Les derniers souhaits de
COOKIE

Cookie, le dynamique retriever, ne voulait pas qu'on se souvienne de lui comme d'un tas de cendres. Après sa mort, il s'assura donc qu'aucune des photos, prises par sa maîtresse pour lui rendre hommage, ne soit bonne.

le sauver. Ainsi, pour la dernière fois, Lori ramena Cookie à la maison pour qu'il fasse ses adieux à ses parents et à ses amis canins, Zoey et Echo. Puis ce fut le retour chez le vétérinaire afin que le golden retriever bien-aimé soit endormi sans souffrir.

MESSAGE EN RÊVE

Pendant quelques jours, Lori fut trop secouée par le chagrin pour faire quoique ce soit, même si la présence des deux autres chiens lui était d'un grand réconfort. Puis, une semaine environ après la mort de Cookie, elle se rendit chez le vétérinaire pour chercher l'urne contenant les cendres de son chien. Déterminée à se rappeler de lui de toutes les manières possibles, Lori prit six photos de l'urne entourée des fleurs offertes par la famille et des amis. Ce serait, pensa-t-elle, une façon de se souvenir de leur Cookie adoré.

Toutefois, cette nuit-là, le chien apparut en rêve à Lori et lui parla : il ne voulait pas qu'on se rappelle de lui comme d'un tas de cendres dans une urne, mais comme d'un animal vivant et plein de vie. Après les évènements de la journée,

ce rêve était pour le moins curieux, mais Lori ne savait pas à quel point elle devait le prendre au sérieux.

Quelques semaines plus tard, la mère de Lori emporta le film contenant les dernières photos de l'urne pour le faire développer. Elle dit à Lori que les photos étaient toutes belles… du moins, celles qui étaient sorties. Quand Lori examina elle-même les photos, elle comprit ce que sa mère lui avait dit. Une photo de Cookie, prise tout juste avant sa dernière visite chez le vétérinaire, était sortie, de même que les quelques portraits récents de Zoey et Echo. Mais aucune des six photos des cendres de Cookie dans l'urne. Aucune. Lori savait qu'elle avait pris ces photos exactement de la même manière que les autres. Alors, qu'est-ce qui n'avait pas fonctionné ? Puis le rêve lui revint en mémoire. Cookie était-il parvenu à ce qu'on se souvienne de lui comme il le voulait ? Comme Lori l'a dit : « Je ne sais pas comment, mais d'une certaine manière, Cookie a réussi à modifier ces photos. Ce n'était pas inquiétant, seulement très émouvant. C'était un chien très spécial. »

Herbert J. Rebhan gradua de l'école de médecine vétérinaire en 1984 et se porta volontaire dans les Peace Corps (agence gouvernementale d'entraide humanitaire des États-Unis). Une tâche intimidante attendait le jeune Américain. Il fut assigné au Malawi, un pays d'Afrique centrale, où on lui confia le poste d'officier vétérinaire du district de Thyolo. Cela impliquait qu'Herbert devait couvrir des centaines de kilomètres dans les zones sud de Thyolo et de Mulanji, Tout en n'ayant qu'une petite moto à sa disposition. La tâche du jeune vétérinaire consistait à superviser le travail de plus de 20 techniciens vétérinaires dans la région ; en outre, il avait la haute responsabilité de la santé du bétail, des moutons et autres animaux domestiques qui s'y trouvaient. Cependant, la majeure partie des médicaments à sa disposition étaient périmés. Pourtant, bientôt, il se réjouissait des défis que lui posait son affectation.

Environ un mois après avoir commencé son travail, un vieillard se rendit à son bureau. C'était le Dr Mzimba et il était sorcier,

DOCTOLA
et les chiens qui honorèrent leur dette

Quand Herbert J. Rebhan rescapa deux chiots malades, il gagna deux puissants chiens protecteurs.

c'est-à-dire guérisseur, sage et chef spirituel. Le vieil homme avait voyagé toute la journée en autobus et à pied depuis son village pour rejoindre le vétérinaire. Il avait six chiots très malades avec lui. Le Dr Mzimba expliqua qu'il tenait beaucoup à ces petits animaux et qu'il avait prévu qu'au moins quelques-uns d'entre eux accompliraient de grandes choses dans le futur. Toutefois, ses pouvoirs de guérison s'appliquaient aux humains, non aux animaux, et, par conséquent, il se demandait si le jeune vétérinaire pouvait les sauver. Herbert accepta de tenter le coup, expliquant qu'ils auraient besoin de soins 24 heures sur 24 et, donc, qu'ils devaient rester avec lui. Le Dr Mzimba acquiesça et repartit pour le trajet de huit heures jusqu'à son village.

LES PROTECTEURS DE DOCTOLA

Les six chiots étaient en mauvais état et Herbert savait qu'aucun n'avait de grandes chances de survivre. Il utilisa des antibiotiques et une solution électrolyte maison sur les animaux, mais sans grand résultat. Un par un, les minuscules chiots succombèrent à la maladie. Six jours plus tard, il n'en restait que deux. Cette nuit-là, Herbert alla se coucher, soupçonnant que les deux chiots restants ne passeraient pas la nuit. Toutefois, à sa grande surprise et pour son plus grand bonheur, les chiots étaient non seulement vivants le matin, mais ils donnaient des signes qu'ils avaient faim. Bientôt, après des repas réguliers, les chiots autrefois excessivement maigres commencèrent à grossir et devinrent de jeunes animaux en santé. Chacun avait ses marques distinctives. L'un était blanc avec les quatre pattes noires et une grosse tache en forme d'étoile sur le front. L'autre était surtout brun avec une tache blanche dans la face. Les deux présentaient une crête dorsale proéminente (une crête le long de la colonne vertébrale, dont les poils en parallèle poussent dans des directions opposées).

Quand le Dr Mzimba revint voir le vétérinaire plus de deux semaines plus tard, il fut enchanté de voir que non seulement deux chiots avaient survécu, mais qu'ils se développaient bien. Avant de les ramener chez lui, le vieux sorcier accorda à Herbert l'honneur de les nommer. Le vétérinaire choisit Bozo pour le chiot noir et Skippy pour l'autre, tous deux des noms de

chiens qu'il avait eus dans sa jeunesse. Le Dr Mzimba déclara que les deux chiots n'oublieraient jamais la gentillesse qu'Herbert leur avait témoignée et qu'un jour viendrait où ils honoreraient leur dette envers lui.

Le vétérinaire revit régulièrement les deux chiens au cours des 18 mois suivants. Une fois par mois environ, il faisait une tournée de la région en moto et, d'habitude, il faisait une halte dans le village du Dr Mzimba. Les deux chiens, qui étaient devenus de gros et puissants animaux, l'accueillirent toujours avec grand plaisir. Parfois, ils avaient besoin de ses soins. Le sorcier expliqua qu'ils étaient les chiens les plus gros et les plus féroces du village et qu'ils protégeaient les troupeaux des habitants contre les hyènes et les chacals en maraude. Ils récoltaient inévitablement, des coupures et des contusions lors de ces violents affrontements.

En une occasion mémorable, Bozo et Skippy tuèrent un léopard qui s'attaquait aux troupeaux du village. Ce combat laissa les chiens à deux doigts de la mort et Herbert dut coudre leurs blessures et leur administrer des antibiotiques. Reconnaissant, le Dr Mzimba fit remarquer que c'était la deuxième fois que l'Américain sauvait la vie des deux chiens. Il dit au jeune homme, qu'il appelait toujours Doctola : «À compter de ce jour, Doctola, ils seront vos protecteurs. Je l'ai vu. »

Les mois passèrent et, une fois de plus, Herbert faisait route vers le village lors d'une tournée de routine. Cette fois, c'était pendant la saison des pluies et les conditions avaient rendu la piste boueuse dangereuse pour sa petite moto. Encore et encore, Herbert dérapait et tombait dans la boue visqueuse. Puis, non loin du village, son unique phare profila devant lui la silhouette caractéristique d'une hyène sur la piste. Normalement, une hyène aurait tourné les talons et se serait enfuie dans de telles circonstances, mais celle-ci ne donna aucun signe de vouloir bouger dans la noirceur. Et c'est alors qu'Herbert vit pourquoi. Le regard fixe de l'animal, de même que le sang et la salive qui dégouttaient de sa gueule signalaient hors de tout doute que la hyène avait la rage.

RETOUR DE GENTILLESSE

Herbert sut qu'il avait un problème. L'épaisse et lourde boue signifiait qu'il lui était quasi impossible de s'échapper en moto et la piste était trop étroite pour lui permettre de rebrousser chemin. Tandis que la hyène avançait, menaçante, mâchoire ouverte et produisant son terrible ricanement moqueur, le vétérinaire sut qu'il n'avait d'autre choix que de prendre ses jambes à son cou, tout en espérant que la bête enragée attaque plutôt sa moto. Sur ces entrefaites, comme Herbert s'apprêtait à courir pour sauver sa vie, deux gros animaux apparurent, de part et d'autre de lui. Bozo et Skippy. Les deux paraissaient au meilleur de leur forme et sur le point de livrer bataille avec la bête enragée. Le combat fut long et sanglant, mais, à la fin, la hyène gisait morte sur le sol. Leur mission accomplie, les chiens disparurent.

Herbert se hâta aussi vite que possible vers le village jusqu'à la maison du Dr Mzimba. Les chiens étaient certainement blessés, car la hyène enragée les avait mordus. Ils avaient besoin de ses soins immédiats. Bozo et Skippy venaient de lui sauver la vie ; maintenant, c'était le tour du vétérinaire de sauver la leur. Il atteignit la hutte du vieil homme et expliqua rapidement ce qui venait tout juste de se produire. Le Dr Mzimba réagit à peine, puis demanda au vétérinaire de le suivre. «Je vais vous montrer les chiens», dit-il. Le sorcier alla à l'arrière de la hutte et pointa deux tombes. Ce sont celles de Bozo et Skippy, expliqua-t-il. Quelques jours auparavant, les chiens avaient affronté une meute de hyènes qui avaient menacé le bétail du village. Les chiens l'avaient emporté, mais ils en avaient payé le prix. Ils avaient succombé à leurs blessures peu après.

Herbert était bouleversé et confus. Il insista : il venait tout juste de voir Bozo et Skippy le secourir face à la hyène. Les deux chiens étaient très particuliers ; il lui était impossible de s'être trompé. Le Dr Mzimba s'assit à ses côtés et rassura Doctola en disant qu'il croyait son histoire. «Je vous ai dit que, un jour, les chiens vous rendraient votre gentillesse», dit le vieillard. «Ils vous protégeront toujours.»

Chapitre cinq

VOIR L'AVENIR

DE TOUTES LES MERVEILLES que réalisent les animaux de compagnie, il en est une plus mystérieuse que toutes les autres : la capacité de voir dans l'avenir. Qu'ils prévoient des désastres naturels, de terribles accidents ou simplement les résultats de matchs sportifs, les animaux semblent avoir une étrange intuition de ce qui va arriver. Certaines cultures les utilisent pour les prévenir qu'un tremblement de terre dévastateur est sur le point de survenir. Peut-être devrions-nous tous apprendre à apprécier à sa juste valeur le don d'anticipation de nos animaux familiers.

MISSIE, LE TERRIER DE BOSTON, a été sûrement l'une des chiennes les plus extraordinaires à avoir vécu dans les temps modernes. Durant les années 60, elle devint une sorte de célébrité à cause de ses grandes connaissances et de sa remarquable capacité à connaître des détails sur les gens. Elle pouvait aussi prédire l'avenir.

Même si Missie eut une longue vie fantastique et intéressante, en fait, elle était chanceuse d'être simplement en vie. Sa mère avait donné naissance à trois chiots quand elle souffrit de graves douleurs. Un vétérinaire dut l'opérer et trouva la minuscule Missie coincée dans la cage thoracique de sa mère. Le terrier fut donné à Mildred Probert, de Denver au Colorado, aux États-Unis. Celle-ci était une fleuriste à la retraite qui avait souvent pris soin d'animaux ayant eu un départ difficile dans la

Le résultat des élections présidentielles, la date de l'alunissage et le sexe des futurs bébés n'étaient que quelques-unes des incroyables prédictions de Missie.

missie,
le terrier de Boston clairvoyant

vie. Elle se lia rapidement à Missie qui avait deux caractéristiques physiques principales : elle était très petite, même pour un terrier de Boston, et avait des yeux bleu cobalt très frappants.

Le terrier vécut la vie très normale d'un animal de compagnie et ce ne fut pas avant qu'elle eût près de cinq ans que ses capacités spéciales furent découvertes. Mildred parlait avec une femme qui avait un fils de trois ans. Elle encourageait son petit garçon à parler et à dire son âge. « Trois, dis trois », le pressait-elle gentiment. Mais, plutôt que le garçon, ce fut Missie qui répondit en jappant trois fois. Amusée, Mildred demanda alors à la chienne quel était son âge… et Missie jappa quatre fois. Peut-être pour tenter de la confondre, elle lui demanda quel serait son âge la semaine suivante. Cette fois, elle jappa cinq fois. L'anniversaire de Missie arrivait la semaine suivante.

PRÉDICTIONS
Ce n'était qu'un début pour Missie. Alors que Mildred commençait à explorer les capacités de son animal, elle découvrit que le petit terrier pouvait épeler et faire de l'arithmétique. Par exemple, à une occasion, en utilisant son propre code alphabétique, elle jappa la différence entre l'épellation des mots marry et merry (« marier » et « joyeux »). Ce ne fut pas tout. Missie savait apparemment des choses que Mildred et d'autres personnes présentes ignoraient. Ainsi, elle pouvait prédire exactement combien de pièces de monnaie et de clés une personne avait dans son sac. Très souvent, la personne elle-même ne connaissait pas la réponse, mais, après vérification, Missie avait toujours raison. Une fois, elle avait aussi rendu perplexe un journaliste en jappant son numéro d'assurance sociale, chose que même le journaliste avait oublié, et un numéro que Mildred ne pouvait pas du tout connaître. Quand un médecin local, sceptique, déclara qu'il ne pouvait pas vraiment croire aux supposés pouvoirs de Missie, la chienne réagit en jappant le numéro de téléphone de sa maison privée. Il admit que c'était un numéro que personne d'autre que lui ne pouvait connaître, car il ne l'avait transmis personne.

Lors d'une soirée, une femme décida de tester les pouvoirs de Missie en lui montrant un paquet de cartes une par une. Elle seule savait quelle carte elle tenait. Missie et le reste des invités ne voyaient que le dos des cartes. Une par une, Missie jappa les cartes présentées et, une par une, la femme les retourna pour montrer que Missie ne se trompait pas. Chose remarquable, Missie n'avait jamais vu un paquet de cartes avant ce moment-là.

Toutefois, le don le plus surprenant que possédait le terrier était sa capacité de voir le futur. Cela débuta en 1964 quand elle prédit la victoire de Lindon Johnson sur Barry Goldwater aux élections présidentielles des États-Unis ; ce qui s'avéra juste. Elle prédit aussi que Richard Nixon serait un jour président des États-Unis ; ce qui s'avéra juste également, bien qu'après la mort de la chienne. Elle continua de prédire toute une gamme d'autres élections, importantes et moins importante, avec une précision saisissante.

Mais sa divination ne se restreignait pas à la politique. Elle prédit les alunissages, la date de la fin de la grève des transports de New York en 1966 et même l'issue d'une série de secousses sismiques autour de Denver. Cette même année, elle prédit aussi le résultat de la Série mondiale de baseball, incluant le bon score – neuf mois à l'avance. Le terrier prédit aussi les résultats de matchs importants de football. D'autres prédictions à l'époque comprirent la date de reprise des pourparlers de paix à Paris et leurs résultats, ainsi que le retour du Viêt Nam des réservistes du Colorado.

À un niveau beaucoup plus personnel, Missie pouvait prédire le jour de naissance des bébés. Qui plus est, non seulement prévoyait-elle correctement leur sexe, mais aussi leur poids exact et l'heure précise de leur naissance. Souvent, ces prédictions contredisaient les prévisions médicales de l'époque.

Une autre des capacités de Missie était sa connaissance de l'heure exacte. Si Mildred lui demandait l'heure, le terrier ne se trompait jamais, qu'il y ait ou non une horloge dans la pièce. Un ami fabriqua même pour Missie une petite horloge sur laquelle elle pouvait déplacer les aiguilles pour indiquer l'heure juste. Curieu-

sement, elle déplaça toujours les aiguilles dans le sens horaire, jamais dans le sens contraire.

DERNIÈRE PRÉDICTION

Outre ces dons, Missie avait aussi certains traits plus terre-à-terre – bien que curieux – pour un chien. Elle adorait le rose, même si les chiens perçoivent peu les couleurs, les chocolats roses particulièrement, et elle dormait en pyjama rose. Missie aimait aussi que tout soit à sa place exacte ; elle devenait très contrariée si quelqu'un déplaçait l'un de ses jouets préférés, en particulier son petit chien en peluche qu'elle adorait, ou un meuble. Elle était aussi très capricieuse sur la nourriture, insistant pour être nourrie à la main et refusant de manger dans des bols pour chien. De toute sa vie, Missie ne s'accorda jamais vraiment avec d'autres chiens.

À une occasion, et contre l'avis de Mildred, on demanda à Missie de prédire la mort d'un homme. Cet homme, M. Kincaid, souffrait d'un cancer de l'estomac et les médecins craignaient qu'il n'ait plus que quelques mois à vivre. Missie indiqua qu'il vivrait encore deux ans et mourrait le 4 avril 1967. Ce qui arriva, mais il ne mourut pas du cancer… plutôt des suites de blessures accidentelles par balles.

Puis, un jour de mai 1966, Missie prédit sa propre mort. Le terrier jappait le chiffre huit à Mildred, même si ce n'était pas l'heure qu'il était. Quand Mildred lui demanda l'heure, Missie lui donna une réponse juste, puis elle jappa encore le huit. Elle le fit une demi-douzaine de fois ou plus. Plus tard ce soir-là, Missie s'étouffa avec de la nourriture et mourut. Il était exactement 8 heures du soir. Un peu plus tard, Mildred remarqua la petite horloge jouet que l'ami avait donnée à Missie. Les aiguilles indiquaient 8 heures.

Le corps du terrier fut enterré dans le jardin et ses fleurs roses favorites, des pétunias, furent plantées sur sa tombe. Chose étonnante, les fleurs continuèrent de fleurir tout l'hiver, malgré la neige et la glace. Ce fut une fin remarquable pour une vie remarquable.

Missie, le terrier de Boston clairvoyant

LES ANIMAUX SEMBLENT AVOIR UNE MANIÈRE DE SAVOIR, avant les humains, quand le mauvais temps ou des désastres naturels sont sur le point de frapper. Par exemple, en 1976, Lisa, une golden retriever, commença à aboyer dans l'édifice de l'ambassade britannique à Beijing. Ses aboiements réveillèrent Richard Margolis, le deuxième secrétaire, qui s'occupait d'elle. Convaincu que le chien savait que quelque chose allait mal, Margolis réveilla les autres employés de l'ambassade qui quittèrent le bâtiment tout juste avant qu'un énorme tremblement de terre ne secoue la capitale chinoise.

Au Kansas, une chatte mit bas des chatons dans une grange, mais, quelques jours plus tard, elle commença inexplicablement à les déménager avec effort, un à un, dans une ferme voisine. Quand elle eut fini, la grange fut rasée par une tornade, tandis que la ferme voisine ne fut pas touchée.

Une autre étonnante prédiction de température fut faite par Redsy, un setter roux. Redsy était un chien obstiné et aventureux qui appartenait à William H. Montgomery, un pêcheur de la Nouvelle-Angleterre, au nord-est des États-Unis. Redsy n'aimait rien de plus qu'être sur le bateau avec son maître, sentant la brise de la mer sur sa face et le mouvement de l'océan sous ses pattes.

Redsy aimait se joindre à son maître lors de voyages de pêche. Cependant, cette fois, le pressentiment d'un danger imminent et le refus du setter roux de monter à bord du bateau leur sauvèrent la vie à tous deux.

REDSY
prédit un voyage de pêche désastreux

AVERTISSEMENT D'OURAGAN

Un jour, William décida de sortir son bateau pour pêcher le poisson plat. Il le prépara en fonction de l'expédition et examina le ciel pour voir ce que serait le temps. On ne voyait aucun nuage et il n'y avait à peine plus qu'une brise pour troubler la surface calme de l'océan. William observa aussi les autres bateaux de pêche déjà en route vers les bancs populeux de poissons plats pour se mettre à l'ouvrage. Il savait qu'il devait faire vite s'il voulait profiter de la bonne pêche que la journée promettait.

Impatient de partir, et son bateau prêt, William siffla Redsy pour qu'il le rejoigne à bord. En temps normal, Redsy sautait à bord si automatiquement au signal que le pêcheur remarquait à peine le chien. Cette fois, par contre, ce fut différent. Redsy resta sur le quai, aboyant fort et refusant de monter à bord. William siffla de nouveau, puis lui donna ensuite quelques ordres verbaux, mais, néanmoins, le setter refusa catégoriquement de monter à bord. Le pêcheur était troublé. Il avait hâte d'aller pêcher, mais il connaissait Redsy depuis assez longtemps pour respecter réellement son sixième sens. Il regarda le ciel une fois encore. Se pouvait-il que son chien sache quelque chose sur la température que lui même ignorait?

William décida de ne pas courir le risque et de rester à quai.

Pendant le reste de sa vie, il serait heureux d'avoir pris en considération l'avertissement de Redsy. Moins d'une heure après son départ prévu, une tempête inattendue monta de l'océan, apportant la dévastation dans son sillage. C'était l'ouragant de 1938, surnommé le Long Island Express, qui fit environ 600 morts et détruisit plus de 2 500 bateaux et près de 9 000 maisons. La vitesse du vent atteignit 193 km/h, avec des rafales à 299 km/h. Grâce à l'avertissement de Redsy, William Montgomery n'eut pas à affronter ce terrifiant ouragan en mer.

à TOUS POINTS DE VUE, Chris était un chien exceptionnellement talentueux. Moitié beagle, moitié hybride, Chris était un chien actif, voire hyperactif, qui vivait dans le Rhode Island, aux États-Unis, avec Marion et George Woods, dans les années 50. Il avait été donné à la famille Woods vers l'âge de deux ans et ils avaient fait de leur mieux pour calmer cet animal plutôt impulsif, bien qu'adorable. Jusqu'à l'âge de cinq ans environ, Chris connut la vie quotidienne normale de tout chien dans sa situation. Un jour, cependant, tout changea. Un invité était arrivé avec un chien qui était apparemment si brillant qu'il pouvait épeler son nom et compter jusqu'à 10. En blaguant, Marion se tourna vers Chris et demanda

Les prédictions étonnantes de CHRIS

à son chien s'il pouvait leur dire combien faisaient deux et deux. À la surprise générale, Chris toucha calmement le bras de Marion avec sa patte quatre fois. Jusqu'alors caché, le don de Chris devint évident. Le chien pouvait résoudre des calculs simples et apprendre l'alphabet et, de cette manière, il commença à communiquer avec les gens. Par exemple, Chris épela ses pensées à propos des chats, qu'il estimait « s–t–u–p–i–d–e–s ». Il exprima aussi des opinions semblables à propos de chiens qu'il n'aimait pas. Il pouvait aussi répondre «oui» et «non» aux questions… et il pouvait même avouer qu'il avait été vilain.

UN CHIEN CÉLÈBRE

Les singularités du chien étonnaient les amis autant que la famille et Chris attira bientôt l'attention des médias. Dans les années 50, il devint une sorte de chien célèbre, invité à des émissions de télévision et recueillant, avec ses performances, de l'argent pour des œuvres de bienfaisance envers les animaux. Les capacités de Chris furent aussi étudiées par des scientifiques, incluant ses habiletés en arithmétique et en épellation, et sa capacité de «lire» la pensée. Ceci fut mené par des scientifiques qui regardaient des cartes sur lesquelles il y avait différentes illustrations et le chien devait indiquer

Les nombreux talents de Chris le rendirent célèbre parmi ses amis. Même les médias s'intéressèrent à ce remarquable chien.

laquelle ils regardaient. Les résultats indiquèrent que Chris avait une capacité étonnante de savoir ce qu'il y avait dans la pensée de quelqu'un.

Le don le plus frappant peut-être manifesté par Chris était son habileté à prédire l'avenir. Un jour, une voisine lui demanda quel cheval gagnerait une certaine course ayant lieu le lendemain. Le chien frappa consciencieusement, indiquant celui qu'il pensait être le gagnant ; la femme nota le nom du cheval et misa sur lui. À son grand plaisir, il gagna. Les prédictions du chien pour les courses de chevaux furent bientôt en demande.

Ce don de connaître l'avenir avait aussi ses côtés plus poignants. Chris avait souffert pendant quelque temps d'un trouble cardiaque et, vers la fin des années 50, sa santé n'était plus très bonne.

On lui demanda de prédire sa mort et Chris n'hésita pas. Il tapa la date : le 10 juin 1962. En fait, Chris se trompa d'une journée. Ce chien adorable et brillant est plutôt mort le 9 juin 1962, à la fin d'une vie extraordinaire.

S I UN ANIMAL DE COMPAGNIE semble nous mettre en garde contre quelque chose sur le point de se produire, on ferait bien d'en tenir compte. Ce fut certainement le cas de Josef Becker qui alla prendre tranquillement un verre à la brasserie locale de la charmante ville allemande de Saarlouis, près de la frontière française. Josef amena avec lui Strulli, son berger allemand, mais le chien était loin d'être à l'aise. Même si Strulli était entré dans le bar plusieurs fois auparavant, il gémissait et hurlait tout en essayant de tirer Josef à l'extérieur. Josef tenta de le mettre dehors, mais le chien trouva le moyen de rentrer et reprit son comportement bizarre. Réalisant qu'il n'aurait pas la paix en restant à la brasserie, Josef la quitta à contrecœur et se dirigea vers la maison. Quelques minutes plus tard, le bâtiment s'écroula, tuant neuf personnes. En tenant compte enfin de l'avertissement de son chien, Josef a probablement sauvé sa vie.

Tous ne sont pas aussi chanceux que Josef et Strulli. Durant la Première Guerre mondiale, un officier naval britannique était basé à Harwich, sur la côte est de l'Angleterre. Il y vivait avec son épouse et son chien airedale ;

L'airedale
qui pressentait les tragédies

Le jeune officier de la marine ne prêta pas attention au comportement inhabituel de son chien quand il monta à bord de son navire ; malheureusement, sa dangereuse mission fut sa dernière.

malheureusement, aucun de leurs noms n'a été conservé. À l'époque, le jeune lieutenant servait à bord d'un dragueur de mines, un vaisseau dont le travail consistait à garder les routes maritimes de navigation au large des côtes britanniques libres de mines allemandes. C'était un travail dangereux, mais essentiel, et le flegmatique jeune officier acceptait les risques de sa mission avec sérénité.

DES MISSIONS DANGEREUSES

Avant qu'il ne parte en mer, l'épouse de l'officier et l'airedale allaient habituellement lui dire au revoir au quai. C'était un réconfort pour l'homme de voir tout autant la femme qu'il aimait que son chien fidèle quand il partait en mission. Un jour, cependant, l'airedale manifesta une humeur très étrange. Ce matin-là, il avait affiché un comportement agité et inhabituel. Puis, une fois sur le quai, son comportement devint encore plus bizarre. Il refusa que l'officier le caresse pour lui dire au revoir et il saisit la jambe de pantalon de celui-ci entre ses dents. Durant plusieurs minutes, il chercha à agripper l'une ou l'autre partie de l'uniforme de son maître pour l'éloigner du navire. Néanmoins, étant un type d'homme calme et imperturbable, l'officier ignora tout simplement les pitreries du chien. D'ailleurs, il avait un devoir à accomplir et, par conséquent, après avoir embrassé son épouse, le lieutenant monta à bord et se prépara pour la tâche qui l'attendait.

Cette nuit-là, l'airedale commença soudain à gémir lamentablement, ce qui dura quelque temps. Plus tard, l'épouse de l'officier apprit que, cette même nuit, le navire avait sombré et qu'il n'y avait aucun survivant. On estima que le navire avait coulé environ au moment où l'airedale avait commencé à hurler. Le chien avait anticipé le destin tragique de son maître, mais il avait été incapable d'empêcher sa mort. Désormais, il ne pouvait que le pleurer.

Le gros lot de
SKIPPER

LES CHATS SEMBLENT AVOIR UNE PRÉDISPOSITION
pour les jeux. Prenez, par exemple, l'étrange histoire de
Willie, le chat de Cincinnati, aux États-Unis. Il semble que
Willie avait un faible pour le bingo. Comme la plupart des chats,
Willie était habituellement plutôt désinvolte à l'égard de l'heure. Par
contre, le lundi soir, c'était différent. Chaque lundi, à 19 h 30, ce chat
quittait la maison, traversait la ville pour se rendre chaque fois au même
hôpital. Une fois sur place, et à 19 h 45 exactement, il s'assoyait sur le
rebord de la fenêtre de la salle à manger des infirmières et observait un
groupe de femmes qui commençaient à jouer au bingo. Ensuite, à 21 h 45,
quand la partie était finie, il rentrait tranquillement chez lui. Au bingo, Willie
ne recevait aucune nourriture de quiconque et il n'y rencontrait pas d'autres
chats. Pourquoi y allait-il, alors ? La chose la plus étrange, toutefois, était celle-
ci : comment Willie savait-il qu'on était lundi et qu'il était 19 h 30 ?...

CHANCE À LA LOTERIE

Le chat Skipper participa aussi à un jeu quoique, dans son cas, le résultat fût plus
lucratif pour ses propriétaires. Skipper appartenait à Linda et Gayle McManamon
qui vivaient à Galveston, la ville historique du Texas, située au bord du golfe du
Mexique.

Skipper avait toujours été un chat très aimable et populaire auprès de la
famille. Par contre, il serait juste de dire que c'était aussi le type d'animal assez
ordinaire et quelconque. Cela, jusqu'à un soir fatidique de 1996. Linda et Gayle
se reposaient devant la télévision après une dure journée de travail. Leur petit chat
était aussi dans la pièce, jouant paresseusement sur le plancher, comme le font les

chats. En cette occasion particulière, Skipper jouait avec le gobelet de loterie de la famille (un simple gadget qui peut être utilisé pour choisir des numéros de loterie quand les gens n'arrivent pas à choisir autrement). Linda et Gayle ne se préoccupaient pas du chat, jusqu'au moment où Gayle jeta un coup d'œil rapide sur ce que faisait Skipper. C'est alors qu'il remarqua que Skipper semblait avoir choisi six numéros de loterie. Ni Linda, ni Gayle n'avaient été très chanceux à la loterie, avec ou sans le gobelet. Mais voilà que leur chat avait trouvé une combinaison. Cela valait-il le coup d'essayer? Gayle se dit que oui et il nota les numéros. Qu'avaient-ils à perdre? Le lendemain matin, comme d'habitude, Linda sortit acheter les billets de loterie hebdomadaires, mais, cette fois, munie de la série spéciale de Skipper.

Le lendemain, Linda était au travail quand un collègue lui dit que, lors des tirages de la veille, le gagnant était quelqu'un de Galveston. Linda était excitée. Se pouvait-il que ce soit elle? Elle téléphona à Gayle qui venait tout juste de réaliser ce qui était arrivé. Les six numéros de Skipper avaient été tirés le soir précédent. C'était difficile à croire, mais leur petit chat avait permis à Linda et Gayle de gagner 3,7 millions de dollars.

Quand Skipper s'empara du gobelet de loterie de la famille McManamon, il leur donna une série de chiffres chanceux qui allaient changer leur vie à tout jamais.

INDEX